La Publicidad en Facebook

Guía de marketing para principiantes en Facebook: Cómo convertir tu público de Facebook en ventas reales, las mejores estrategias para hacer anuncios efectivos y eficientes en Facebook.

MICHAEL ROBERT FORTUNATE

ÍNDICE

INTRODUCCIÓN

Felicidades por comprar *La Publicidad en Facebook: Guía de marketing para principiantes en Facebook.* Vivimos en una era digital en la que la influencia de las redes sociales en nuestra vida diaria no puede ser subestimada. Varios miles de millones de personas están presentes en las plataformas digitales diariamente. Facebook hace una de las plataformas de redes sociales más populares en esta era. Negocios nuevos y establecidos se están moviendo en la dirección digital y creciendo significativamente de estar en las plataformas de medios sociales. Facebook cuenta con públicos de todo el mundo para satisfacer a diferentes negocios en diversas industrias.

Los empresarios serios entienden cuán importante es publicitar los negocios y productos en Facebook. Se estima que el 80% de todos los usuarios de Internet están en Facebook. Más del 60% de los adultos de todo el mundo utilizan Facebook. Esto se traduce en miles de millones de personas expuestas a un anuncio cuando se publica.

La publicidad en Facebook se adapta a las empresas de todos los niveles de emprendimiento, ya sea que se trate de una empresa nueva o de una empresa o marca establecida; una plataforma de

Facebook, en última instancia, aumentará significativamente las ventas. Los costos de la publicidad en Facebook son aparentemente bajos en comparación con los métodos convencionales de publicidad. Además, puedes estar seguro de que obtendrás un buen resultado de la publicidad en Facebook. No hay mucho tiempo perdido con la publicidad de Facebook ya que es rápida y eficiente.

A partir de la información anterior, ya se puede decir que hay una gran necesidad de hacer publicidad en Facebook. Las preguntas que pueden permanecer en tus mentes son:

1. ¿Cómo iniciar la publicidad en Facebook?

2. ¿Cómo hacer que la publicidad en Facebook funcione a favor de tu negocio?

3. ¿Cómo atraer el tipo de público que necesitas en Facebook?

Estos y otros detalles del marketing de redes sociales en Facebook se detallan aquí. Este libro te abrirá los ojos al mundo del marketing digital, específicamente en Facebook y cómo usarlo en tu beneficio. Hay muchos libros sobre este tema en el mercado, ¡gracias de nuevo por elegir este! Se hizo todo lo posible para garantizar que este libro esté lleno de tanta información útil como sea posible, ¡por favor, disfrútalo!

CAPÍTULO 1: CONVERTIR LOS ANUNCIOS DE FACEBOOK EN VENTAS EN TIEMPO REAL

Facebook tiene un número relativamente más alto de usuarios que cualquier otra plataforma de redes sociales. Esto permite que cada negocio interactúe con muchos clientes potenciales. Cuando mucha gente ve tus productos, aumenta la posibilidad de conseguir muchos compradores. Sin embargo, el tráfico no es todo lo que cualquier vendedor quiere para el negocio. Es más satisfactorio cuando una persona de negocios logra ventas a partir del tráfico de Facebook. El sueño de todo empresario es conseguir un buen número de ventas después de poner un anuncio. Lamentablemente, esto no siempre es así. Algunos anuncios ni siquiera se notan, y si lo hacen, no reciben ningún clic. Cuando un vendedor se da cuenta de que incluso con el tráfico, no recibe clics, es una señal de que probablemente algo no está bien con el anuncio. Es la naturaleza humana querer saber más sobre cualquier cosa atractiva que se les presente.

Para que más personas se den cuenta y estén ansiosas por saber más sobre su producto, veamos algunos consejos y trucos a tener en cuenta al crear tus anuncios.

Consigue imágenes vistosas para usarlas en los anuncios

La primera imagen tiene que destacar más que cualquier otra cosa para asegurar que todos la vean mientras se desplazan por su cuenta de Facebook. Las imágenes de alta calidad son las más adecuadas para este propósito. Las imágenes deben ser brillantes y llenas de color para hacerlas fácilmente perceptibles. Cuando incluyen fotos de personas, deben mostrar a personas felices para ganar el anuncio con más clics. Las imágenes funcionarán aún mejor si en ellas aparecen personas utilizando tus productos. Además, es esencial tener en cuenta la población objetivo. Una foto de una mujer feliz y atractiva hará que más hombres hagan clic en el anuncio y viceversa. Para productos generales en los que el género de la comunidad no importa, las fotos de mujeres hermosas captarán la atención de ambos géneros.

Es aconsejable utilizar imágenes personales para que el producto real corresponda con el anuncio. El aumento de la fotografía profesional ha facilitado a los vendedores la obtención de fotografías de calidad de sus productos. Sin embargo, algunos vendedores no pueden permitirse fotos profesionales debido al coste adjunto. En este caso, un excelente teléfono móvil o una cámara de fotos es muy útil y puede ser utilizado para obtener imágenes excepcionales. A continuación se ofrecen algunos consejos para obtener hermosas fotos sin ayuda profesional;

- Mantén el fondo claro para que el producto destaque bien;
- Asegúrate de que el producto esté limpio y en su mejor estado;
- Asegúrate de tener una buena iluminación para que las fotos den una visión del producto real. La mala iluminación también afecta al color, lo que puede causar problemas con algunos clientes;
- Toma varias fotos desde diferentes ángulos para captar todos los detalles esenciales del producto. Por ejemplo, alguien que vende un auto capturará el exterior y el interior, teniendo en cuenta la información fundamental.

Incluye detalles importantes del producto

Cada producto tiene características que los clientes quieren saber. Si es un producto nuevo en el mercado, indicar los detalles hará que la gente lo entienda y probablemente se interese en tenerlo. Asegúrate de dar detalles que sean de interés antes de que te pregunten. Algunos pueden no preguntar porque no se les ocurre pensar en ello. Investiga para saber qué características le interesan a la mayoría de las personas. Utiliza esos detalles para la descripción de tu producto. Por ejemplo, si vendes zapatos, la mayoría de las personas querrán que el vendedor indique el material utilizado, las tallas y los colores disponibles, así como su genero. Por lo tanto, una descripción de un zapato se vería seria;

"Zapatos de lona unisex con suela de goma.

Disponible en colores azul, negro y blanco

Tallas 38 - 44

La entrega se hace dentro de las 12 horas después de confirmar el pedido."

Algunos espectadores se interesarán por el producto después de haber visto sus detalles. Al igual que cualquier joven se interesará por un teléfono móvil que tenga una excelente cámara. La persona no sólo ve el anuncio porque necesita un teléfono móvil, sino porque las características indicadas le resultan atractivas. Otras personas buscarán un anuncio que dé los detalles en el acto porque no quieren contactar con muchos vendedores. Por ejemplo, alguien buscará "zapatos de lona blanca" porque quiere reducir su búsqueda a lo que quiere. Una lista de anuncios con las tres palabras se mostrará en la parte superior de la lista. Si un vendedor con los mismos zapatos sólo indicara "zapatos en venta", el anuncio podría aparecer al final de la lista, y el cliente no podría desplazarse hasta la parte inferior. Los detalles también facilitarán al vendedor la reducción del número de preguntas similares que recibe. Algunas personas no tienen la paciencia suficiente para esperar una respuesta si no es instantánea. Dando todos los detalles necesarios, puedes mantener a los compradores serios en tu "tienda" y tener tiempo para responderles de manera efectiva.

Indicar claramente el precio del producto

Una vez que alguien se interesa por un producto, lo siguiente que quiere saber es el precio. Si el vendedor decide indicar la última cantidad en su anuncio, será bueno para él especificar que su precio es fijo. Este detalle ayudará a evitar muchos mensajes de personas que quieren negociar. Sin embargo, es aconsejable que el precio de sus productos sea más alto, para dar un margen de negociación. A muchas personas les gusta negociar para obtener descuentos, por lo tanto, tener una disposición para el botón de "hacer una oferta" aumenta el número de personas que se ponen en contacto con usted. Una vez que un comprador potencial se pone en contacto con un vendedor, es evidente que ha considerado la posibilidad de comprar el producto y es más fácil convencerlo de que compre en ese momento. Investiga lo suficiente y conoce los precios de tus competidores. Este conocimiento te ayudará a asegurarte de no fijar tus precios demasiado bajos o demasiado altos, no sea que desanime a los potenciales compradores.

Dejar claras las políticas de la empresa

Toda empresa, grande o pequeña, debería tener políticas bien establecidas. Estas ayudarán a la gente que vea su perfil a entender las operaciones de la compañía incluso antes de que se comprometan. También da confianza a los compradores porque sienten que están tratando con un vendedor serio y bien establecido. Hace más fácil convencer a esos clientes para que compren ya que saben que la empresa es respetable. Después de la primera compra exitosa, la mayoría de los compradores querrán volver o remitir a sus seres queridos debido a la confianza que ya tienen en ti.

Las políticas de la empresa también ayudan a manejar las expectativas de los potenciales compradores. Esto se debe a que cuando contratan al vendedor, ya tienen una idea de lo que esperan y no esperan otra cosa.

Crear anuncios separados para diferentes productos

Un vendedor puede estar tentado de poner todos sus artículos en un solo anuncio, pero no es aconsejable tenerlos todos juntos. Es bueno tener diferentes anuncios para diferentes cosas. De esta manera, todos los artículos tendrán las mismas oportunidades, ya que diferentes personas pueden querer ver diferentes productos. La mejor estrategia para captar clientes potenciales es a través de imágenes, y la gente raramente pasará por los anuncios para buscar lo que quieren si no está en la imagen mostrada.

En caso de que tenga una venta general, puedes indicarlo en la parte inferior del anuncio, y las personas interesadas se desplazarán por tu pared para ver los otros productos. También puedes adjuntar un enlace que dirija a los compradores a tu muro. De esta manera, los clientes que puedan estar interesados en ver lo que tienes en la venta, harán clic en el enlace.

Revisa las categorías disponibles para saber cuál es la mejor para tus productos

Los grupos se organizan para que los artículos relacionados terminen juntos. Cosas como mesas, camas, armarios y zapateros terminan en una categoría como muebles, y por lo tanto, uno que busca una cama irá directamente a esa categoría. Cada artículo a la venta debe caer en el grupo que mejor se adapte dependiendo de qué o dónde se use. Algunas cosas pueden caer en más de una categoría y aún así encontrar compradores. Si el tuyo es así, es bueno publicarlo en todas las categorías en las que encaja para que más búsquedas puedan dirigir a los clientes hacia él. Por ejemplo, las gafas de sol pueden ser usadas con fines médicos así como para la belleza. Alguien que necesite gafas de sol para fines de belleza podría buscar en la categoría "belleza". Otra persona que haya sido aconsejada por un médico podría buscar en la categoría de "salud". Si como vendedor tienes el tuyo publicado en ambas categorías, lo más probable es que las dos personas vean tu anuncio. Sin embargo, procura que tus productos no entren en la categoría equivocada. Si esto sucede, ninguna búsqueda dirigirá a los compradores potenciales a tu producto, y no quieres eso. También puedes arriesgarte a que tu cuenta sea puesta en una lista negra o incluso bloqueada.

Ofrece regalos gratis

Está en la naturaleza de la gente que le gusten las cosas libres. Dependiendo de tu producto, consigue algo que puedas dar gratis. Algo relacionado con el producto atraerá a más compradores a ver tu anuncio, y se hace más fácil venderles si se acercan a ti. Por ejemplo;

- Alguien que venda ropa de mujer podría considerar dar accesorios de belleza de marca gratis;
- Un peluquero podría considerar la posibilidad de regalar pinzas de pelo como un servicio post-venta;
- Un vendedor de zapatos puede considerar un par de zapatos o calcetines gratis;
- Alguien que vende máquinas puede ofrecer el ensamblaje gratuito de las mismas.

Es prudente garantizar que la palabra "GRATIS" salga de forma legible en el anuncio. Si es posible, la fuente debe ser más significativa y de color diferente para llamar más la atención. Por ejemplo,

Compra un par de zapatos y consigue un par de calcetines **gratis**

También puedes tener un mensaje como;

"Hola. Gracias por contactarnos, visita nuestra tienda para obtener **gratis** *tu par de calcetines",*

para clientes que se pongan en contacto contigo.

Es necesario porque, después de las atrayentes fotos/videos, será lo siguiente que atraiga a más gente a hacer clic en el anuncio. El costo del artículo que estableces gratuitamente debe ser cubierto por el margen de ganancia obtenido por la venta del producto. Nadie quiere llevar un negocio con pérdidas; de lo contrario, los esfuerzos no valdrán nada. Cuando el regalo está marcado con tu marca, es una forma de hacer que tu anuncio vaya más allá de Facebook. Causa conciencia a la gente que podría no haber oído hablar de su marca o producto antes. También es una forma de atraer al cliente para que regrese y envíe más amigos y familiares interesados a tu manera.

Usa tantas palabras clave en tu anuncio como sea posible

Cuando se busca un artículo en particular para comprar en línea, diferentes personas suelen buscar en varios buscadores usando diferentes palabras. Es bueno saber las palabras clave que generalmente usan las personas que buscan el producto que quieres vender. Aprovéchalas al máximo en tu título y descripción. Esto asegurará que muchas búsquedas relevantes atraerán a clientes potenciales a tu producto. Por ejemplo, la gente que quiere comprar mesas puede usar palabras como;

- Mesa de madera;
- Mesa de oficina;
- Mesa rectangular;
- Mesa de segunda mano.

Un vendedor con una descripción que capta, "*una mesa rectangular de segunda mano adecuada para uso en la oficina*" es más probable que sea alcanzado por todas las búsquedas anteriores.

Cuando más gente vea el anuncio, se habrá alcanzado un objetivo. Producirá tráfico a tu producto, lo cual es bastante bueno. Como la mayoría de la gente está buscando el artículo con intenciones de comprar, las posibilidades de que hagas ventas una vez que se pongan en contacto contigo son altas.

Ofrece servicios de envío cuando sea posible

Antes de que un cliente concluya la compra, lo más probable es que considere cómo le llegará el producto. Muchos compradores en línea o no tienen tiempo o no quieren la lucha de tener que transportar las cosas después de comprar. La mayoría dellos comprarán a un vendedor que tiene servicios de entrega, ya sea gratis o con honorarios. Por lo tanto, es una buena idea indicar la disponibilidad o posibilidad de servicios de entrega para mantener más clientes en tu muro. Para los clientes que son de diferentes ciudades, es bueno que conozcas las empresas de mensajería disponibles para tus ubicaciones. Asegúrate de que entiendes sus tarifas para que puedas dar detalles de entrega instantánea cuando te lo pidan. También es bueno ser flexible para acomodar la preferencia del cliente si tienen una compañía de mensajería en mente. Una vez que la venta ha sido confirmada, es nuevamente necesario asegurarse de entregar a tiempo para evitar decepciones. La entrega oportuna te dará más clientes que regresen, así como referencias, ya que ayuda a crear confianza.

Busca formas de hacer que la gente te refiera a los clientes

Como vendedor, no puedes darte a conocer tu solo a todo el mundo. Necesitas que tus amigos de Facebook y los anteriores compradores te vinculen con tus amigos. Puedes hacer que la gente te refiera a otros usando las siguientes tácticas;

1. Copia tu enlace y envíalo a tus amigos pidiéndoles que lo compartan con tus amigos;
2. Aprecia a aquellos que te recomienden a la gente dándoles pequeños regalos;
3. Pídele a la gente que ya te ha comprado que le de Me gusta a tu página y que la compartan con tus amigos;
4. Haz un descuento considerable a los clientes que regresan y a aquellos que prefieran a sus seres queridos antes que

a ti. De esta manera, crearás cadenas de clientes diferentes;

5. Ofrece un servicio excepcional a todos tus clientes para que vuelvan. Los clientes felices también avisarán a sus amigos.

La gente que ha sido referida a ti tiene más confianza en tu producto. Por esta razón, cuantas más referencias tengas, mejor será para tu negocio.

Da códigos de promoción para ser canjeados en tu tienda

Se da un código de promoción al azar con atractivos descuentos para atraer a los clientes. La gente que tiene un código de promoción probablemente aparecerá en la tienda para canjearlo, y eso es una venta. Puedes dar códigos canjeables en períodos específicos para que los clientes sigan viniendo. Los códigos también hacen que más gente visite tu muro regularmente para ver cuando tienes nuevas promociones. Algunos referirán a sus amigos a tu muro cada vez que vean la promoción en curso. Ya sabemos que la mayoría de los clientes referidos terminarán comprando. Cuando haya más impresiones sobre tus productos, es probable que resulte en más ventas, lo cual es nuestro objetivo principal.

La mayoría de la gente pasa a través de tu muro de Facebook por diversión o buscando pasar el tiempo. Esto es lo que causa el tráfico en Facebook durante el día y la noche. Puedes aprovechar este hecho como vendedor y hacer que se fijen en tu producto.

Usando los consejos anteriores, cualquier negocio que se anuncie en Facebook será fácilmente reconocido. Cuando los anuncios atraen a los clientes a tu muro, es tu deber como vendedor hacer ventas. Convence a la mayoría de las personas que te contacten para que compren al instante o vuelvan más tarde. Asegúrate de que la mayoría dellos también te recomienden a otros, dando un excelente servicio al cliente. Esto mantendrá la cadena de visitantes creciendo y asegurará un incremento en el número de ventas a medida que pase el tiempo.

CAPÍTULO 2: CASOS DE ESTUDIO SOBRE LA EFICACIA DE LOS ANUNCIOS DE FACEBOOK

A ntes de empezar a implementar cualquier cosa en tu negocio, siempre es importante validar la calidad de la herramienta que deseas implementar. De esta manera, podrás sentirte seguro de que vas a obtener el valor que deseas de la herramienta que planeas implementar.

Para ayudarte a sentirte más seguro del poder de la publicidad en Facebook, así como para mostrarte lo valiosa que puede ser realmente esta herramienta, echemos un vistazo a cuatro casos de estudio diferentes que demuestran la eficacia de los anuncios de Facebook. De esta manera, puedes ver exactamente lo que los anuncios de Facebook pueden hacer por ti y cómo puedes usarlos para mejorar tus ingresos en línea.

Caso de estudio #1: La redefinición de los anuncios de Facebook crea ingresos mensuales recurrentes de 5.800 dólares

Este caso de estudio en particular fue increíble ya que ofreció a la compañía la friolera de 5.800 dólares mensuales en ingresos recurrentes por sus anuncios de Facebook. Design Pickle es una compañía que diseña gráficos ilimitados para empresas usando una cuota mensual de retención. Esta empresa en particular descubrió que era un poco difícil promover su negocio usando prácticas estándar, así que decidieron probar los anuncios de Facebook.

A través de los anuncios de Facebook la compañía ofreció el equivalente a una prueba gratuita, sin necesidad de tarjeta de crédito para que los clientes puedan empezar. El producto gratuito que los clientes podían obtener era un único gráfico diseñado para su negocio. Comenzaron a usar prospectos para reorientar los anuncios, lo que les permite comercializar específicamente a las personas que ya habían ingresado a su página. A través de esto, más del 50% de sus nuevos clientes se registraron sólo con anuncios de Facebook. Esto llevó a 5.800 dólares de ingresos mensuales recurrentes de sus anuncios.

Caso de estudio #2: $14,114 de ingresos por publicidad en Facebook

En este caso, una compañía fue capaz de generar cantidades masivas de clientes potenciales que le permitieron obtener 14.114 dólares en ingresos por sus anuncios. La compañía SamCart usó anuncios de Facebook para vender sus cursos. En estos anuncios de Facebook, la compañía gastó $8240 en anuncios y obtuvo $14.114 en ingresos. Eso es la friolera de 5.874 dólares en ingresos de cursos a través de anuncios de Facebook solamente.

Caso de estudio #3: 122 suscripciones vendidas con un presupuesto de 2.5k dólares en 2 semanas

Veeroll es una empresa B2B que utilizaba anuncios de Facebook para compartir anuncios de vídeo con su público objetivo. Veeroll lanzó un seminario web e inscribió a personas de Facebook en el seminario web a través de una página de inicio que se utilizó para convertir a los seguidores. La compañía terminó gastando 2.500 dólares en 2 semanas y vendió 122 suscripciones del programa de conversión del webinar. Esto resultó en 11.000 dólares de ingresos mensuales, o 8.500 dólares de ganancias después de sólo dos semanas.

Caso de estudio #4: $163,969 de ingresos en sólo 34 días

Este estudio de caso en particular fue notable y llevó a la compañía a obtener un ingreso masivo de 163.969 dólares en sólo 34 días con una inversión de sólo 5.989 dólares. Eso es una ganancia de 157.980 dólares después de sólo 34 días, y usando una pequeña fracción del costo total para llegar allí.

Este caso fue dirigido por un técnico en publicidad, Paul Romando, quien actuó en nombre de una compañía anónima que se mantuvo en privado por razones de confidencialidad. Dicho esto, devolvió más de 1.150 cajas para su cliente, lo que condujo a un ingreso masivo de la inversión. Esta experiencia llevó a un retorno de 2737,80% de la inversión en poco más de un mes.

Para crear este formato de anuncio en particular, Paul usó un canal de Facebook que primero llevó a los clientes a un imán de clientes, o a un proyecto de inclusión voluntaria que los clientes podían revisar. Después de eso, habría un conjunto de anuncios diferentes mostrados a los que se inscribieron para la inclusión que fue diseñado para llevar a los individuos directamente a una página de ventas. Desde allí, avanzarían a través de rangos de productos aún más altos hasta llegar al "nivel superior" de productos disponibles a través de esa empresa. Este canal en particular es lo que ayudó a Paul a crear un retorno tan masivo para la compañía con la que estaba trabajando.

CAPÍTULO 3: CÓMO LAS MARCAS PUEDEN USAR LOS TESTIMONIOS DE LOS CLIENTES PARA CREAR UN EFICIENTE SISTEMA DE PROMOCIÓN EN FACEBOOK

Con el tiempo, ha habido un rápido aumento en el costo y la demanda de la publicidad en Facebook. Este aumento es después de la comprensión de que Facebook es la mejor plataforma para conocer a todo tipo de compradores potenciales, ya que la mayoría de las personas utilizan la aplicación. Sin embargo, los anuncios de Facebook han perdido cada vez más su influencia inicial sobre los compradores. Esta pérdida se debe a un aumento del número de vendedores, lo que conduce a una alta competencia. Entre el público en Facebook hay algunos que son fríos, algunos cálidos, y otros calientes. Un anuncio basado en ventas puede no atraer a el público frío a comprar. Un público frío necesita ser caracterizado a través de la conciencia de ser un extraño para convertirse en un comprador. Un público cálido que está familiarizada con tus productos requiere un enfoque totalmente diferente. Para equilibrar el público, cualquier comercializador necesitará construir un embudo de anuncios.

Un embudo de anuncios es una serie de campañas que permiten al anunciante ofrecer resultados a todo tipo de público. Un canal adecuado tiene las siguientes etapas;

- Etapa de concienciación;

- Etapa de consideración en la que el público comienza a generar interés;

- Etapa de toma de decisiones donde deciden que quieren comprar;

- Etapa de compra.

En la etapa de concienciación, el objetivo principal es captar la atención del público y ganar el reconocimiento de tu marca. El público en esta etapa puede ser atraído por el uso de un video que sea interesante y educativo. El objetivo principal es captar la atención de más espectadores que no conocen el producto. Una vez que el público se da cuenta, un público frío se calienta y de alguna manera aprecia la necesidad de su producto. En este punto, algunos investigarán más sobre el producto e incluso se pondrán en contacto contigo para obtener detalles. Algunos querrán comprarlo inmediatamente mientras que otros se tomarán el tiempo de pensarlo y puede que necesiten un mayor convencimiento. Cuando se construye un embudo de anuncios, los testimonios de clientes anteriores son un ingrediente esencial. Aquí están algunos de los beneficios de los testimonios de los clientes:

Los testimonios ayudan a construir la confianza en los compradores potenciales

Si un empleado de la empresa le dice a un cliente lo bueno que es su producto, lo más probable es que el cliente no lo considere seriamente. Esta actitud se debe a que asumen que sólo está haciendo su trabajo. Sin embargo, si otro comprador le dice al mismo cliente lo bueno que es el mismo producto, lo más probable es que considere comprarlo. Este cambio de actitud se debe a que los testimonios de los clientes se consideran neutrales e imparciales, en el sentido de que es un cliente y no el dueño de un negocio el que habla del producto. Cuando el público ya ha sabido de la existencia de tu producto, algunos pueden ser reacios a comprar. Las razones de esta reticencia pueden variar. Algunos no comprarán el producto inmediatamente porque no lo conocen, o no entienden el producto. Aún así, algunos no lo comprarán porque no confían en ti. La mayoría de la gente no confía tan rápido en los extraños o en los productos vendidos por extraños. En este caso, un testimonio de alguien que ha interactuado contigo y ha utilizado tu producto puede funcionar bien para hacer que los espectadores confíen en ti. Aunque ambos sean extraños, una persona que desea comprar tus productos es fácilmente convencida por otros clientes. Tienden a creer que los otros clientes serán honestos y por lo tanto confían en lo que dicen. Con un buen número de personas que confían en tus productos, estarás seguro de que realizarás un número considerable de ventas.

Funcionan bien como una técnica de venta

Dado que no están escritos en la opinión del vendedor, cualquiera que vea los testimonios se interesará en saber más sobre ti y tu producto. Al utilizar los testimonios en forma de texto, audios y formularios de vídeo en tu sitio web, la gente que tal vez nunca haya conocido tu producto puede aprender sobre él entonces. Lo bueno es que se enterarán por alguien que ha usado la mercancía y no por el vendedor. Por lo tanto, se harán una idea de lo útil que es el producto y podrían considerar probarlo. Otros compradores habrán oído hablar del producto antes, pero se muestran reacios a adquirirlo. También tienen la sensación de que el producto está destinado a ayudarles en ciertas áreas de su vida. De esta manera, se ahorrarán el costo de la publicidad. El testimonio hará suficiente publicidad. No hace falta decir que un testimonio es más convincente para la toma de decisiones en comparación con un anuncio ordinario. Esto se debe a la confianza que se construye a través del hecho de que el producto ha sido útil para otras personas.

Ayudan a los espectadores con una mejor comprensión del producto

Algunas personas verán un producto etiquetado para la venta pero no entenderán lo que es o lo útil que puede ser. La razón de esto es que la mayoría de las personas que pasan por Facebook no se toman el tiempo de leer largas publicaciones sobre un producto. Para un cliente así, un breve testimonio que resalte lo útil que fue el producto les da una idea de lo que es. Por ejemplo, si una imagen muestra dos fotos de la misma persona, le interesará. Al mirar más de cerca, se dará cuenta de que la persona tiene granos en una imagen y tiene la piel lisa en la otra. En ese momento, probablemente concluirá que el producto ayudó a eliminar los granos. Habiendo hecho eso, han visto y comenzado a crear interés en el producto. En el caso de que tengan los mismos problemas o conozcan a alguien que tenga el mismo problema, comenzarán a considerar la posibilidad de comprar o no. [Etapa de toma de decisiones].

En el caso de que tu producto tenga más de un beneficio, diferentes testimonios destacarán varios beneficios. De esta manera, las personas que los vean podrían ganar interés con respecto a cualquiera de los beneficios. Las personas que de otro modo hubieran temido probar el producto tendrán más razones para querer probarlo y referir a amigos que también podrían beneficiarse del producto. Los compradores potenciales obtienen la mayoría de los detalles del producto y se familiarizan con él a través de los testimonios, lo que les facilita la toma de decisiones. Cuando esos clientes se ponen en contacto con el vendedor, suelen venir a comprar en lugar de preguntar.

Funcionan bien al retener compradores anteriores

Los compradores se sienten más seguros cuando ven que otras personas les recomiendan productos que ya están usando. Les hace sentir que han tomado la decisión correcta al comprarlos y muy probablemente se conviertan en clientes rutinarios. Cuando los clientes ven sus testimonios en los anuncios comerciales, se sienten apreciados y tienen la sensación de propiedad de la marca. Estas personas se convierten en embajadores de su marca, incluso más allá de Facebook. Los clientes se vuelven leales a tu negocio y aumentan su vínculo emocional con él. Los clientes leales también se refieren a otros compradores potenciales de boca en boca.

Por otro lado, algunos compradores que probablemente han probado el producto pero no han visto los resultados pueden sentirse muy decepcionados. Si no tienen razones suficientemente convincentes, pueden no querer volver a tu tienda. Sin embargo, estos clientes pueden mantenerse a través de los testimonios. Por ejemplo, algunos productos, como los de belleza, no muestran resultados instantáneos y pueden requerir un uso constante para mostrar resultados tangibles. En tal caso, los clientes ya decepcionados pueden ser difíciles de convencer de que el producto es bueno. Sólo pueden entender cómo funciona cuando ven testimonios de personas que han usado el mismo y han obtenido resultados. Estos testimonios les dan la confianza para querer intentarlo de nuevo, esta vez con una actitud más positiva.

Los testimonios pueden sobreponerse a incitaciones negativas

Cuando se trata de redes sociales, los vendedores no pueden controlar los puntos de vista de los diferentes compradores. Algunas personas escribirán comentarios desagradables en determinados anuncios, probablemente porque el producto no cumplió con sus expectativas. Algunos comentarán mal por malicia, mientras que algunos competidores querrán pintar una mala imagen de ti. Cuando se trata del público, la mayoría de la gente se vera lo que otras personas piensan sobre el producto. Varios buenos testimonios pueden ayudar a reparar los daños causados por los comentarios negativos en el post. En este caso, es prudente seleccionar un testimonio sobresaliente que se refiera al producto en cuestión. En este caso, un buen testimonio debe;

- Destacar los beneficios del producto;

- Concordar con lo que has indicado en tu anuncio;

- Venir de alguien que pueda ser identificado;

- Demuestrar que tu producto es el mejor.

Juegan un gran papel en la tasa de conversión

A través del embudo de anuncios, el público se convierte de un total desconocido a un comprador. La mayoría de los usuarios de Facebook que se encuentran con los anuncios no están en Facebook para buscar productos a la venta. Lo más probable es que no compren inmediatamente si ven un anuncio. Los videos pegadizos que muestran testimonios son una buena manera de hacer que se fijen en tus anuncios y hagan clic en ellos. Una vez que hacen clic en el video y lo ven hasta el final, consiguen información crucial sobre el producto. La presencia de buenos testimonios es lo que los llevará a considerar la posibilidad de visitar tu sitio web. En el sitio, su agenda principal será ver el producto al que se refieren los testimonios. Esta categoría de clientes pasa por las etapas de canalización y se convencen más rápidamente a través de los testimonios que a través de lo que habrían visto en un anuncio ordinario. El mérito de los testimonios estriba en que, en primer lugar, presentan el producto con la seguridad de que es bueno y de que ha sido probado. Los estudios han demostrado que la mayoría de los compradores en línea decidieron comprar después de pasar por varios testimonios de clientes.

Crea una reputación positiva para tu producto y negocio

Los testimonios cuidadosamente seleccionados de tus clientes crean una buena imagen de tu producto, más fuerte que lo que declaras en tus anuncios. Por consiguiente, esto le da a más clientes una buena imagen vívida de su producto y negocio. Como producto final, borran cualquier duda de que el producto sea de buena ayuda para ellos. Los testimonios también ayudan a diferenciar claramente tu producto y tu negocio del de tus competidores. Además, una vez que se crea una buena reputación en la sociedad sobre tu producto, las posibilidades de atraer nuevos clientes y mantener los actuales aumentan. Cuando a muchos clientes les gustan tus productos y dan testimonios, las posibilidades de que la marca del producto se vuelva viral aumentan. Cuando un producto se vuelve viral por una buena razón, se registran retornos positivos, que es el principal objetivo al final del día. La belleza de una buena reputación es que hace que más gente quiera asociarse con el producto. También facilita la publicación de tu anuncio en diferentes sitios y aumenta la conciencia del producto.

Cuando tu producto tiene una buena reputación, los fans comparten sobre él en sus plataformas de redes sociales. Sus amigos, familiares y compañeros de trabajo se enterarán de ti a través dellos y lo más probable es que quieran saber más sobre el producto. Estarán comercializando tu producto mientras se enorgullecen de él.

Ayudan a aumentar la credibilidad de tu marca

Mientras que las grandes marcas ya son conocidas por los clientes en toda la región, los vendedores con marcas desconocidas tienen la tarea de hacerlas conocer para que sean competitivas. La mayoría de los compradores son escépticos sobre la credibilidad de un producto cuando lo ven por primera vez en un anuncio. Los testimonios de los clientes ayudan a esto creando una prueba social. Cuando la gente ve los testimonios de tus clientes en tu sitio web, se relajan ante el hecho de que otras personas saben de ti. Muchas personas sienten que como alguien más ha usado una marca en particular y dice que es buena, entonces debe ser buena. La mayoría de los clientes califican la credibilidad de un producto o negocio, dependiendo del número de personas que hablan de él. Utilizan esta medida de credibilidad para determinar si compran del vendedor A o B. Una empresa que tiene productos de menor calidad pero que tiene mucha gente que habla della parecerá más creíble, en comparación con una empresa de excelente calidad pero con poca gente hablando dello. Por lo tanto, es evidente que la gente confía más en lo que otras personas piensan sobre una marca que en lo que saben sobre ella. A partir de este hecho, los testimonios bien seleccionados deberían aparecer en tu sitio web, citando hermosas fotos de clientes satisfechos y buenas críticas. Cuantos más testimonios de una marca o artículo, mejor para el negocio. Al hacer esto, aumenta la credibilidad de tu producto, construye una cadena de clientes y hace que tu marca sea competitiva en el mercado.

Los testimonios, cuando se usan apropiadamente, son muy persuasivos

La mayoría de los testimonios tienen historias que captan la atención del público. Debido a que las historias están personificadas, tienden a crear emociones intensas, conectando así al lector con el anuncio. Cuando conectas emocionalmente con el público, puedes convencerlo fácilmente de que compre tu producto. La mayoría de las veces no compran por cómo ven el producto sino por cómo se sienten sobre el mismo. El lenguaje utilizado también es persuasivo porque es universal y en la voz de otro comprador y no del vendedor. Los aspectos visuales en los testimonios despiertan más emociones, y salen de una manera más convincente que cualquier otra parte de un anuncio. Todo lo que un empresario necesita saber es cómo puede utilizar de la mejor manera posible los testimonios de sus clientes satisfechos para persuadir a los posibles compradores de que se conviertan en verdaderos compradores.

Los puntos mencionados anteriormente demuestran que los empresarios deben utilizar los testimonios de los clientes para crear anuncios eficaces en Facebook. Esto se basa en el hecho de que los testimonios han demostrado ser un factor de convencimiento muy fuerte. También han demostrado ayudar a las empresas a aumentar el tráfico en sus sitios. Con la necesidad de que cada negocio se destaque, los vendedores no pueden darse el lujo de ignorar un detalle esencial como tal. Por lo tanto, es aconsejable que todo empresario que haya superado las expectativas de sus clientes les pida que escriban testimonios. A partir de los distintos testimonios que puedas obtener, incorporas los específicos para anuncios concretos. Al elegir los testimonios para un anuncio de Facebook, se recomienda utilizar un testimonio afirmativo que es probable que llame la atención de cualquier usuario de Facebook al azar. Mucha gente se siente más atraída por los videos e imágenes en comparación con los textos. Por lo tanto, los testimonios en términos de videos e imágenes serán una mejor opción para usar en cualquier anuncio de Facebook. La razón por la que son preferidos en su mayoría es porque pueden mostrar emociones reales, lenguaje corporal y audios al mismo tiempo. Esta táctica funciona bien para hacer posible la conexión emocional. Los testimonios en video también ayudan a las marcas a llegar a través de masas de personas que son de diferentes grupos lingüísticos. Aunque algunos no pueden entender el lenguaje usado en el anuncio, pueden ver imágenes y ver videos para obtener el contexto. Con los testimonios de los clientes actuando como medios de publicidad, ayudan a reducir los costos de los anuncios comerciales. Este uso de los testimonios reduce los gastos del negocio pero aumenta los ingresos por ventas.

CAPÍTULO 4: OPTIMIZANDO LOS ANUNCIOS DE FACEBOOK

Facebook es una plataforma de redes sociales en línea que permite que personas de todo el mundo se comuniquen e interactúen entre sí. Es una de las principales plataformas del mundo que ha permitido a la gente de todo el mundo sentirse más cerca en diferentes partes del globo.

Teniendo esto en cuenta, Facebook, el gigante de las redes sociales, ha optimizado sus operaciones creando opciones de promoción como los anuncios de Facebook. Estas opciones permiten a los propietarios de empresas patrocinar sus publicaciones preferidas y cubrir un amplio mercado. Los anuncios pueden incluir publicaciones empresariales, motivacionales, religiosas y deportivas. Con un anuncio eficaz, no hay duda de que cualquier empresa puede llegar al mercado objetivo con pocos recursos.

Hoy en día, las empresas pueden utilizar diferentes categorías o tipos de anuncios para promocionar sus productos en Facebook. Estos pueden ser categorizados en cuatro grupos, concretamente:

1. Anuncios de mejora de tráfico;
2. Anuncios de apreciación al consumidor;

3. Anuncios de nuevos productos;

4. Anuncios para clientes potenciales.

a. Anuncios de mejoras de tráfico

El objetivo es mejorar el número de clientes que pueden ver un producto que ha sido anunciado. Todo negocio debe esforzarse siempre por adquirir más clientes.

b. Anuncios de apreciación al consumidor

La mayoría de las empresas y organizaciones, en general, siempre se centran sólo en conseguir un cliente y detenerse en eso una vez que han convencido al cliente de que compre sus productos. Sin embargo, cualquier empresa debe esforzarse por hacer de un cliente de una sola vez un cliente regular. Es por eso que Facebook ofrece este anuncio para permitir que una empresa aprecie a sus clientes.

c. Anuncios de nuevos productos

Esta categoría de anuncios permite a una empresa patrocinar y anunciar un nuevo producto a su público objetivo o a sus consumidores.

d. Anuncio para clientes potenciales

Este tipo de anuncios permite a un cliente optimizar sus contactos con la empresa para recibir anuncios en cualquier momento. Permite a los propietarios de negocios llegar al mercado adecuado sin tener que escarbar en sus bolsillos.

La optimización de los anuncios de Facebook significa que una publicación patrocinada en Facebook da el resultado más exitoso del público objetivo. Este libro examina algunas de las técnicas que una organización puede utilizar para obtener el resultado más exitoso de un post patrocinado en Facebook.

Así es como los dueños de negocios pueden optimizar los anuncios de Facebook;

1. Ser Distinto

Una empresa que se proponga publicar un anuncio debe centrarse siempre en ser específica sobre lo que va a anunciar. En primer lugar, debe ser específica sobre el producto que va a anunciar, debe ser distinta de los consumidores a los que se dirige y también debe especificar el grupo de edad del consumidor al que se dirige. Por ejemplo, cuando se trata de un producto relacionado con bebés pequeños, la empresa debe centrarse en las mujeres de entre 16 y 35 años, ya que en esta franja de edad muchas mujeres tienen bebés. Cuando un producto se dirige principalmente a los jóvenes, sería aconsejable que la empresa seleccionara un determinado grupo de edad para llegar al mercado objetivo óptimo. Esto es incluso fácil porque Facebook te da todas las opciones que necesitas.

2. Invertir en anuncios de video

Los anuncios de video y las animaciones también juegan un gran papel para atraer más clientes y mantener los que ya existen. Al igual que los dibujos animados, los anuncios de vídeo son atractivos y siempre harán que los consumidores objetivo sigan los anuncios. Estos videos no deben ser necesariamente costosos, sino que deben ser de alta calidad y estar bien producidos para evitar vergüenzas que puedan crear lagunas en la campaña de comercialización general. Con los anuncios de video en Facebook, te aseguras de obtener buenos y óptimos resultados que serán de gran beneficio para el negocio.

3. **Maximizar los clientes potenciales que visitan tu sitio web**

La mayoría de las empresas competitivas siempre pueden conocer a quienes visitan sus sitios, ya sea siguiendo sus direcciones IP o incluso ofreciendo ventanas emergentes para que los visitantes se suscriban. Una empresa puede usar esta ventaja haciendo de estas personas su mercado objetivo al hacer un anuncio en Facebook. Estas personas son normalmente las primeras en ver el anuncio patrocinado cuando se publica en Facebook. Esto puede ayudar a convencer a un cliente que ha visitado el sitio y no se ha decidido a comprar un producto o servicio en particular. Esta táctica siempre es útil como respaldo para convencer a un cliente y finalizar un trato.

4. Entendiendo el grupo objetivo

Esto significa que un vendedor debe ser capaz de entender a los que accederán al anuncio. Por ejemplo, un comercializador debe conocer el grupo objetivo que ya conoce el producto para no malgastar recursos en volver a anunciarlo. Se debe concentrar más energía en los nuevos clientes potenciales.

5. Información detallada sobre tu grupo objetivo

Un buen vendedor de anuncios de Facebook debe saber la edad y el género del público objetivo. No todos los públicos se desempeñan igual, y por lo tanto, un anuncio no debe ignorar el importante hecho de que incluso su poder financiero no es el mismo. Gracias a Facebook, los propietarios de negocios pueden obtener fácilmente más información sobre su público con un simple clic. Conocer la edad y el género de su público es esencial, ya que le da el conocimiento de lo que hay que hacer para satisfacer los requisitos de dicho público. Por ejemplo, no serviría de nada anunciar ropa de mujer a todos los públicos sin centrarse categóricamente en las mujeres. Tomando públicos específicas, esto puede ayudar a obtener el resultado óptimo que se requiere.

6. Escoge un público dependiendo de su nivel de ingresos

La plataforma de anuncios de Facebook ofrece a los empresarios la posibilidad de elegir su público o mercado objetivo en función de sus niveles de ingresos. Dado que los públicos pueden tener diferentes niveles de ingresos, algunas personas prefieren comprar cosas de alto precio mientras que otras prefieren comprar cosas más baratas. Teniendo esto en cuenta, un comercializador puede maximizar eligiendo un público específico en función de sus ingresos financieros. Conseguir el público que prefiere productos de alto precio sería una mina de oro para el vendedor o una empresa porque terminaría obteniendo un buen beneficio.

7. Condiciones demográficas y climáticas

Los anuncios de Facebook permiten a los propietarios de empresas elegir un público de áreas demográficas específicas. Las condiciones climáticas también serían consideradas por un vendedor al anunciar sus productos. Por ejemplo, sería inútil que un vendedor de chaquetas y suéteres se dirigiera a un público que se encuentra en zonas áridas y secas. Pero será de gran rentabilidad para un vendedor dirigirse a un público en zonas frías con los mismos productos que venderá en gran escala. Dado que Facebook está casi en todo el mundo, el vendedor puede fácilmente dividir su público de acuerdo con su entorno demográfico.

8. Programando anuncios

Facebook permite a una persona programar sus anuncios a una hora que consideres conveniente. Con esto, una empresa podrá programar la publicidad de su producto a una hora específica que sea rentable. La mayoría de las empresas apuntan a anunciarse cuando están en su apogeo para poder vender bien.

9. Tener un objetivo claro del anuncio

Todos los negocios exitosos deben tener siempre un objetivo para prosperar a través de la creciente competencia diaria. Al igual que en un partido de fútbol, cada equipo debe tener un objetivo en cada temporada que juegue. Por lo tanto, para tener los mejores resultados, un vendedor siempre debe tener objetivos específicos o varios antes de hacer un anuncio en Facebook. Una persona debe saber bien lo que le gustaría lograr después de publicar un anuncio. Con eso en mente, es seguro de obtener el mejor resultado que él o ella esperaba.

10. Diseñando tus anuncios de Facebook

Dado que los públicos tenderán a utilizar diferentes dispositivos al acceder a su cuenta de Facebook, es prudente que un vendedor diseñe su anuncio tanto para el diseño móvil como para el de computadoras. Esto ayudará a mantener el atractivo del anuncio en ambos dispositivos. También se debe asegurar que el anuncio esté en el lugar correcto donde pueda ser fácilmente visto por el público objetivo. Además, considera el presupuesto de los comerciantes de Facebook que están dispuestos a utilizar para el proceso de publicidad. No se debe elegir un presupuesto que no pueda manejar. Con la práctica de los puntos mencionados, las empresas pueden utilizar las ideas para tener resultados finales óptimos después de publicar un anuncio en Facebook. Facebook es una gran plataforma, y todo vendedor debe utilizarla para llegar al público objetivo con mucha facilidad. Ahorra la cantidad de dinero que se gastaría si la comercialización se hace físicamente.

Técnicas publicitarias en Facebook

1. Objetivos

Este es el aspecto más importante incluso antes de publicar un anuncio en tu Facebook. Se deben tener al menos objetivos claros o metas que se consideren alcanzar después de ejecutar el anuncio. Normalmente, para lograr hacer algo, se debe primero saber qué se quiere ganar con ello. Los objetivos son básicamente la base de cada tarea exitosa que se pueda tener. Tener estos objetivos ayuda a entender qué acción emprenderá el público una vez que vea el anuncio a primera vista.

El primer objetivo que debe tener un anuncio exitoso es crear conciencia. El público debe al menos familiarizarse con los productos o servicios que ofrece.

Otro objetivo importante es tener conversiones. Por ejemplo, la mayoría de los vendedores desearían hacer que su público vaya a su sitio web. Para hacer esto, tu anuncio tendrá probablemente un incentivo como un descuento para tus clientes. Para hacer que vayan a tu sitio web, no debes dar un código de descuento a tus clientes antes de que vayan a tu sitio web. Debes poner una estructura que los lleve paso a paso a tu sitio web dondellos, por ejemplo, inserten sus correos electrónicos antes de obtener el código de descuento. Con esto, tendrás la ventaja de que al menos tendrás los contactos del cliente y podrás comunicarte con ellos de vez en cuando.

2. Configurar tu público

El segundo paso para lograr una campaña publicitaria exitosa en Facebook es establecer el público personalizada ideal que prefieras.

La concentración es esencial en tu campaña y la forma en que te concentres puede hacer que tu anuncio funcione perfectamente o fracase terriblemente.

Algunas de las cosas que hay que tener en cuenta al elegir tu público incluyen;

a. Ubicación

Primero, debes tener un lugar donde tu público esté de acuerdo con lo que es tu línea de productos. Por ejemplo, si eres de África y tus productos son artesanías y artesanías indígenas africanas que atraen a los turistas, sería prudente que establecieras un lugar de donde provenga la mayoría de los turistas, y que sea básicamente el oeste de Europa. Con eso, es más probable que consigas más público en Europa en comparación con África, dondel público no será tanto. Básicamente, establecer el público más adecuada sería un gran paso para que el anuncio tenga mucho éxito.

b. Edad

This is another essential step in getting the right audience con los anuncios de Facebook; se puedelegir la edad del público más apropiada de acuerdo con el producto que se comercializa. Por ejemplo, si el producto que vende es mayormente moda, será prudente enfocarse en la generación joven, que son los jóvenes entre 15 y 35 años. No servirá de nada enfocar la publicidad de la última moda en ropa y promocionarla a la edad mayor, ya que son propensos a ignorar la publicidad.

c. Género

El género también debe ser considerado cuando se publican anuncios en Facebook. Diferentes géneros prefieren diferentes productos, por lo que el género al que te diriges debe ir en línea con el producto que vendes. Los anuncios de Facebook ofrecen al vendedor la opción delegir el género que prefiere alcanzar. Por ejemplo, será importante elegir el género femenino cuando se trate de mujeres, tales como aretes, lápices labiales, etc.

d. Idioma

Esta es otra perspectiva importante a considerar. El lenguaje que use en los anuncios debe ir bien con el público objetivo que elijas. Dado que tenemos diferentes idiomas en el mundo, un buen vendedor debe elegir un idioma que sea bien comprendido por su público objetivo con facilidad.

Otros factores a considerar serían; el interés, el comportamiento de tu público. Por ejemplo, si tu empresa se dedica a la organización de eventos como bodas, también deberías elegir el público que tiene interés en las bodas o las fiestas de cumpleaños.

Las finanzas son otro factor que debe tenerse en cuenta un buen mercado debe elegir el presupuesto que le conviene.

Probando tu anuncio

Este es el paso final para una campaña publicitaria de Facebook muy exitosa. Se debería al menos probar primero el anuncio antes de que se ponga a funcionar. Gracias a Facebook, se tiene la oportunidad de probar el anuncio antes de que empiece a salir al aire. Esto ayuda a un promotor o vendedor a ver cómo aparecerá el anuncio en los teléfonos, computadoras personales y otros aparatos que el público pueda usar.

Aquí es dondel vendedor personaliza su anuncio eligiendo los temas, fotos, vídeos o música que prefiere utilizar para ejecutar el anuncio. Lo más importante es que el éxito de un anuncio en Facebook dependerá de la estrategia del vendedor y de los objetivos más importantes. La estrategia más efectiva que siempre se prefiere es crear múltiples anuncios que expliquen categóricamente sus productos y servicios. Por ejemplo, puedes crear un anuncio que contenga múltiples imágenes, vídeos y un sonido de audio muy preciso.

El éxito de tu anuncio dependerá profundamente de las estrategias que una empresa o individuo utilice para anunciar sus productos, la elección del público adecuado, el género, la ubicación y el interés de tu mercado objetivo puede ser de gran ayuda y puede hacer fácilmente que una campaña publicitaria en Facebook sea exitosa y productiva y logre resultados óptimos.

En general, Facebook ha demostrado ser una gran plataforma en la que se pueden promover los negocios e incluso realizar ventas.

La mayoría de las empresas lo han utilizado, y la plataforma está creciendo día a día como una plataforma rentable para hacer negocios. Es una plataforma que, si se utiliza bien, puede conducir a un crecimiento exitoso de los negocios y a un aumento de las ventas.

Además de los empresarios influyentes, las celebridades, los artistas famosos la utilizan para promover sus ideas, canciones y concepto. De esto se desprende claramente que los anuncios de Facebook tienen el objetivo principal de promover las áreas de mercado y los públicos en todo el mundo como un todo.

CAPÍTULO 5: UNA GUÍA PASO A PASO PARA CREAR ANUNCIOS EN FACEBOOK QUE SEAN EFICIENTES Y GENEREN INGRESOS

C on la aparición de varias estrategias de marketing hoy en día, Facebook es una de las plataformas utilizadas en la creación de anuncios atractivos. El capítulo destaca una guía paso a paso para crear anuncios de Facebook productivos y eficientes, esenciales para tus planes de gestión empresarial.

Posteriormente, hay diferentes métodos utilizados para crear anuncios de Facebook en muchos libros, pero éste abarca el más eficiente y el ahorro de ingresos. Los anuncios de Facebook pueden tomar varias formas dependiendo del tipo de anuncio que se muestre. Cada paso discutido en el libro conlleva detalles descriptivos de las necesidades para asegurar la creación de anuncios adecuados para el amplio mercado. Más aún, el libro proporciona información adicional en beneficio de la creación de resultados productivos.

El primer paso es siempre crucial como tal; el capítulo introduce la información más crítica para asegurar que los siguientes pasos sean exitosos. El concepto adoptado para generar la guía sobre la creación de anuncios de Facebook que sean eficientes y ahorren ingresos es fiable y se puede poner en marcha inmediatamente. Los siguientes pasos siguen principalmente a los anteriores precisamente para evitar confusiones. El último paso, por lo tanto, te da el visto bueno para implementar los mejores anuncios de Facebook para tu público.

Paso 1: Crear tu cuenta de Facebook Business Manager

La cuenta de Facebook es otra cosa, y la cuenta de gerente de negocios de Facebook es otra que se usa para tu negocio mientras que otra es sólo para socializar. La creación de una cuenta de administrador de negocios de Facebook es el paso inicial para asegurar la creación de una campaña más sofisticada. A diferencia de muchas plataformas de comercio electrónico, el administrador de negocios de Facebook alberga todos tus detalles, incluyendo anuncios, herramientas de personalización y páginas de negocios para facilitar la manipulación dentro de tu estrategia de anuncios de Facebook. También puedes descargar Píxel de Facebook para gestionar tus anuncios, que algunos usuarios consideran muy esenciales para supervisar el progreso de los anuncios.

La creación de una cuenta de administrador de negocios de Facebook es el primer paso para que los anuncios de Facebook sean eficientes y ahorren ingresos. Visita business.facebook.com y haz clic en Crear Cuenta. A continuación, introducirás el nombre de tu empresa, la página de la empresa en Facebook, el título y la dirección de correo electrónico. Rellena los espacios y añade la cuenta publicitaria haciendo clic en el menú de administración de empresas y seleccionando Configuración de la empresa. Haz clic en Cuenta y Cuenta de Publicidad y crea o añade una cuenta de publicidad.

Paso 2: Seleccionar el objetivo correcto

Facebook cuenta con más de 2.000 millones de usuarios mensuales y en adelante atraerá a varias marcas a los anuncios de Facebook como medio de comercialización de sus productos y servicios. Lo primero que hay que hacer antes de participar en la creación de anuncios de Facebook es elegir un objetivo específico que encaje en una categoría determinada de tu campaña. Facebook te pide inicialmente que selecciones tu objetivo durante el primer paso de desarrollo de tu gestor de anuncios de Facebook. Elegir el objetivo correcto también te permite centrarte en las técnicas de marketing de Facebook, mientras que produce resultados a medida.

Hay tres tipos de objetivos que incluyen la conciencia, la consideración y la conversión, guiándote correctamente a tus necesidades. La concienciación se centra únicamente en el reconocimiento de la marca y llega a tu público tanto en los productos como en el contenido. Los objetivos bajo consideración crean tráfico, compromiso de producto y provisión de mensajes, generando por lo tanto, interés para que tu público busque tu marca. Las conversiones son objetivos que permiten a tu público sentir el impulso de comprar tus productos a través de ventas por catálogo, ventas en tiendas y conversiones.

Como tal, los objetivos de concienciación son esenciales para las campañas y la promoción de nuevos negocios y llegas fácilmente a nuevos clientes potenciales. La conversión y las visitas a las tiendas son cruciales para aumentar las ventas físicas, mientras se reducen a objetivos más específicos, por ejemplo, la visualización de vídeos y la instalación de aplicaciones móviles. Después de seleccionar tu objetivo preferido y comprender tus metas, ahora eres consciente de lo que quieres lograr en tu publicidad en Facebook.

Paso 3: Seleccionar el público adecuado

Facebook tiene más de dos mil millones de usuarios activos de diferentes edades, demografía, intereses diversos y distribuidos globalmente. Por lo tanto, es esencial reducir el número de usuarios activos diarios a aquellos que son relevantes para el contenido que se muestra. Facebook ofrece tres fuentes cruciales de generación de públicos: principal, personalizada y de apariencia, que te permiten enfocar y determinar tu público objetivo deseado. La mayoría de las marcas de comercio electrónico utilizan estas tres fuentes para crear una estrategia de comercialización exitosa a través de plataformas publicitarias importantes, incluido Facebook.

Público principal

El formato de selección de tu público principal incluye una selección manual de grupos según tu criterio, por ejemplo, comportamiento, gustos, intereses y características del lugar. Los intereses y equivalentes, como los ejercicios, se relacionan con los contenidos ya existentes en las cuentas de Facebook de los usuarios activos y lo que han interactuado juntos. Los comportamientos comprenden ciertas actividades o acciones realizadas por los usuarios y almacenadas por Facebook. La ubicación incluye los entornos inmediatos específicos de los usuarios, mientras que la demografía implica información de perfil, como los ingenieros.

Públicos personalizados

El público personalizado incluye la carga de listas de contactos de tus clientes actuales o anteriores para interactuar con tu público objetivo. La personalización del público es una de las más fáciles, y tus clientes pueden proporcionar testimonios sobre las actividades físicas de tu marca. A continuación, los detalles se comparan con los usuarios, y los anuncios se entregan directamente al público objetivo. Por lo tanto, ofrece información sobre nuevos productos o cambios de productos, así como llegar a ellos a través de las direcciones de correo electrónico.

Públicos similares

Los públicos afines son usuarios ideales con los que no te has involucrado pero que han sido generados al encontrar personas similares a tu público actual. También es posible crearlos a partir de públicos personalizados seleccionados de la población específica y pueden depender de la ubicación o de criterios específicos. Los públicos similares aumentan con el tiempo a partir de pequeños porcentajes y pueden incluir nuevos usuarios que entran en contacto con tu marca y acceden físicamente a tus bienes y servicios.

La selección de un público específico para tus anuncios de Facebook garantiza que tu estrategia de marketing tenga más posibilidades de crecer. Más aún, puedes interactuar fácilmente con públicos pasados, actuales y específicos, creando así más espacio para la conversión de tus anuncios. Otras categorías para determinar tu público incluyen las basadas en la ubicación, el objetivo de conexión y la demografía. La técnica permite que los anuncios se muestren a los usuarios conectados o no a tu marca. Los públicos similares siguen siendo la fuente más fiable que se utiliza para atraer a tu público al sitio web de tu empresa. Utiliza la información existente para crear nuevos clientes potenciales.

Paso 4: Elige dónde mostrar tus anuncios

Facebook ofrece una amplia gama de plataformas para mostrar tus anuncios en beneficio de llegar a tu público específico. En el nivel de configuración de los anuncios, eres libre de elegir dónde quieres que se muestren tus anuncios, incluyendo lugares, dispositivos y otras plataformas propiedad de Facebook. Los dispositivos incluyen el anuncio para mostrar sólo en el móvil, sólo en el escritorio o ambos, mientras que también se muestra en Instagram o en el Messenger o ambos. Facebook también posee varias aplicaciones en las que puedes seleccionar dónde deseas mostrar tus anuncios.

Sin embargo, Facebook recomienda a los anunciantes que elijan un método de colocación automatizado para personalizar y optimizar los anuncios para obtener el mejor resultado. También puedes decidir a quién quieres que llegue la información y seleccionar la audiencia deseada. Por ejemplo, si tu público objetivo son usuarios móviles frecuentes, entonces la elección de Instagram y Facebook Messenger son las opciones más fiables para tus plataformas de visualización de anuncios de Facebook. También puedes seleccionar diferentes grupos en función de los servicios de su producto, mientras que impide que tu marca se muestre a grupos irrelevantes.

Paso 5: Establecer límite de presupuesto

Facebook ofrece diferentes opciones para optimizar el costo de una campaña publicitaria. La elección del presupuesto incluye la selección de la frecuencia con la que desea que tus anuncios se muestren en las plataformas elegidas. Los anuncios de Facebook pueden mostrarse diariamente, ocasionalmente o de por vida, de forma indefinida o según lo programado. Por lo tanto, la optimización del funcionamiento de los anuncios determinará el costo en el que incurrirás durante el período de publicidad.

El rendimiento de los anuncios de Facebook y las subastas son también otros indicadores de cómo puede variar el éxito y el coste, especialmente cuando tu audiencia ve tus anuncios. Sin embargo, es crucial que tu subasta sea automatizada para aquellos que no saben cómo funcionan tales ofertas. Del mismo modo, es posible fijar parámetros específicos en los pasos anteriores que pueden superar o sobrepasar lo que esperabas. Establecer algunas limitaciones al decidir tu presupuesto es esencial para proporcionar soluciones a los altos costos durante tu campaña.

Además, puedes optimizar fácilmente tus anuncios manualmente ya que Facebook ofrece parámetros automatizados que puedes necesitar actualizar. De esta manera, puedes fácilmente agregar, eliminar o cambiar algunas características que pueden alterar tu presupuesto, ya sea más o menos de lo esperado. Para que una campaña de anuncios en Facebook tenga éxito, es esencial establecer un presupuesto favorable y al mismo tiempo maximizar la atracción de nuevas audiencias para tu marca.

En ocasiones, el presupuesto para tus anuncios puede ir acompañado de múltiples retos, pero la privacidad y la confidencialidad de tu información siguen estando garantizadas por Facebook. Establece bien tus presupuestos para evitar cargos adicionales como se indica en el diálogo creativo. El presupuesto para mostrar los anuncios de Facebook no sólo se determina en función del público al que van destinados los productos, sino que también depende de los siguientes factores;

- Duración de la visualización de los anuncios en el sistema;

- Extensión de los anuncios a las plataformas relacionadas;

- Costo de tus productos;

- Costos de adquisición de clientes.

Paso 6: Seleccionar formato

Mostrar anuncios en Facebook ofrece una gama de formatos adecuados para tus anuncios y más, lo que te permite seleccionar el formato adecuado. Los formularios proporcionan a Facebook entre los más efectivos y confiables para cualquier campaña. Puedes elegir rápidamente el formato que se ajuste a tu objetivo y a la audiencia a la que te diriges dentro de tu presupuesto. Algunos de los formatos de anuncios proporcionados incluyen;

- Imagen única;

- Formato de video;

- Canvas;

- Presentaciones de diapositivas;

- Colección;

- Carrusel.

Cada formato tiene sus ventajas; por ejemplo, las fotos proporcionan una historia única para tu público en comparación con los vídeos que proporcionan un compromiso más profundo con los sonidos, las imágenes y los movimientos. El carrusel es similar a los videos pero puede carecer de sonido y de visualización de imágenes, mientras que las colecciones muestran tus productos y la historia que hay detrás de ellos. Los anuncios de enlaces dirigen a tu público a tus sitios web. Los anuncios dinámicos muestran tu producto de una manera más sofisticada, y los anuncios canvas son esenciales para proporcionar una visualización a pantalla completa, principalmente para los dispositivos móviles. Las presentaciones de diapositivas son las más asequibles y ofrecen un movimiento ligero.

Los anuncios en diapositivas, video y carrusel se encuentran entre los mejores formatos para comercializar tu marca y productos, ya que tienen el máximo compromiso y tasas de CTR en comparación con otras formas. Sin embargo, es vital seleccionar el mejor formato para tu anuncio a fin de evitar el aumento de los costos de la publicidad, al tiempo que se crea un público más amplio. Facebook suele ofrecer las mejores opciones de tamaños, mientras que la empresa puede orientarte sobre algunos de los formatos en los que puedes confiar durante la selección del formato.

Paso 7: Añadir datos cruciales y publicar anuncio

Los anuncios de Facebook son muy diferentes a las técnicas publicitarias anteriores utilizadas en las estrategias de marketing de comercio electrónico. Al utilizar el administrador de negocios de Facebook, tendrás que seleccionar una página de negocios o una cuenta de Instagram que desees utilizar para presentar tu campaña. La dinámica de los productos es uno de los elementos críticos que conecta Píxel de Facebook y el catálogo de productos de Facebook. Por lo tanto, los usuarios o seguidores pueden ver los productos similares que ha añadido en tu cuenta de anuncios. La técnica le permite reorientar tus anuncios a través de los productos dinámicos de Facebook.

La creación de conexiones entre el sitio web de tu empresa, la cuenta de anuncios, el píxel de Facebook y el gestor de empresas de Facebook permite desarrollar una campaña más dinámica, para lograr tu objetivo rápidamente. Los anuncios de productos dinámicos también son esenciales para prospección, ya que permiten a Facebook mostrar otros productos relevantes para tsu marca incluso cuando no están en el anuncio. La campaña de productos dinámicos, por lo tanto, aumenta tus planes publicitarios mientras conecta principalmente todas tus plataformas de marketing.

Durante el llenado del diálogo, pueden existir pequeños detalles con información crucial que se pierden al llenar las diferentes áreas. Algunos incluyen la descripción del Enlace y otras selecciones en la colección creativa. Como tal, aprovecha y llénalos con la opción de CTA y copia fiel que juegan un papel importante en tu campaña publicitaria a través de los anuncios de Facebook. Luego confirma toda la información proporcionada, incluyendo los pagos, el público al que va dirigido y el formato antes de enviar y hacer tu pedido.

Paso 8: Optimización del desempeño del anuncio

El monitoreo de los anuncios de Facebook y la medición de su desempeño es un aspecto esencial ya que permite analizar si cumple con tus objetivos. Algunas campañas pueden ser testigos de un CPC inmediato mientras que otras pueden comenzar a crecer después del aumento de la frecuencia de las visitas. Del mismo modo, otras pueden no rendir como se espera y en adelante pueden exigir un esfuerzo. Sin embargo, el administrador de anuncios de Facebook mostrará todas las campañas activas dentro de tu perfil. De ahora en adelante te permitirá hacer clic y monitorear cualquier campaña que desees analizar su progreso o hacer cambios.

Algunas de las actividades a comprobar incluyen puntuaciones relevantes, acciones realizadas por tu público después de ver el anuncio, frecuencia y valor de CPC. También se recomienda que compruebes tus anuncios de Facebook diariamente para el beneficio de analizar tus registros diarios. Hay situaciones en las que puedes no experimentar ninguna venta en uno o dos días. Por lo tanto, es esencial ser paciente en lugar de apagar tus anuncios o hacer cambios. Los algoritmos pueden mostrar un resultado diferente, pero la gente puede sentirse atraída por tus productos con el tiempo.

Invirtiendo en la canalización

La creación de un embudo durante la comercialización de un producto a través de los anuncios de Facebook implica el entendimiento de que la mayoría de tu público comprará tu producto con el tiempo y no inmediatamente. Las estrategias basadas en el embudo te permiten adaptar tu anuncio según los intereses del público para comprar y familiarizarse con tu marca. En los anuncios de Facebook, la creación de un embudo te permite llegar al público tranquilo de los clientes potenciales de una campaña determinada, así como a los que visitan tu sitio web sin hacer una compra.

El embudo también te permite crear más anuncios basados en el contenido que se adapten a tu presupuesto, siendo así más intrincados y cubriendo una gama más amplia de campañas. El embudo, por lo tanto, crea más espacio potencial para obtener más ventas en tu marca, pero sigue siendo crucial en la selección de una estrategia menos costosa. Además, el embudo permite que los anuncios de Facebook y cada audiencia adquieran diferentes métodos de diseños creativos, lo que hace que los clientes potenciales sean esenciales para impulsar las compras en su sitio web.

Uso de los anuncios de Facebook en las estrategias de marketing de comercio electrónico

Desde la introducción del administrador de negocios de Facebook, la publicidad en Facebook ha creado una plataforma favorable para que las diferentes marcas crezcan y lleguen a más clientes. El uso de la cuenta abarca diferentes grupos de personas, incluyendo aquellos sin experiencia en el sector del marketing digital. Los anuncios de Facebook se han vuelto más atractivos, ya que llegar a un público más específico se ha simplificado considerablemente.

La publicidad en Facebook es más barata, más rápida y los propietarios de empresas pueden comprobar fácilmente el progreso de sus anuncios y hacer los cambios necesarios cuando corresponda. Como tal, aprender los fundamentos de la publicidad en Facebook te permite configurar tu cuenta correctamente y establecer una campaña exitosa en lo sucesivo para hacer crecer tu negocio. Con diferentes formas para elegir, los anuncios de Facebook trabajarán en tu beneficio siempre y cuando tengas un plan de trabajo y el desarrollo de un anuncio más fuerte.

CAPÍTULO 6: POR QUÉ LAS MARCAS UTILIZAN LOS ANUNCIOS DE FACEBOOK PARA MAXIMIZAR LAS VENTAS

La comercialización moderna ha pasado a ser digital en comparación con las formas tradicionales de comercialización analógicas. Las técnicas de marketing digital incluyen blogs, marketing de afiliados, marketing por correo electrónico y marketing SEO. Los sitios de redes sociales como Facebook, Instagram, Twitter y WhatsApp constituyen las plataformas para el marketing en Internet. De todos estos sitios, Facebook es el más popular y cuenta con más de 2.500 millones de usuarios diarios. Los estudios muestran que el 60% de los compradores se ven influenciados por Facebook al realizar tanto compras offline como online. Este hecho lo convierte en el sitio líder para el marketing digital ya que garantiza llegar a un público más amplio.

Es inevitable que las marcas no utilicen los anuncios de Facebook para sobrevivir en el mercado moderno como medio para maximizar las ventas y dirigirse al público adecuado. Las razones de esto se explican a continuación.

1. La gente pasa mucho tiempo en Facebook

Facebook es el rey de todas las redes sociales. El usuario promedio de Facebook pasa un poco más de una hora en Facebook todos los días sólo leyendo el contenido y los mensajes de interés. La mayoría de estos usuarios usan dispositivos móviles. Estos son tus clientes potenciales, y el hecho de que pasen una cantidad considerable de tiempo en Facebook es realmente importante para que uses los anuncios de Facebook. Es durante este tiempo que pueden encontrar tu marca, y dependiendo de lo que ofrezcas y tus preferencias, ¡algunos pueden llegar a interesarse! Recuerda, hay fuerza en los números, y Facebook proporciona estos números con bastante facilidad.

2. Asequibilidad

La publicidad en Facebook es un medio de publicidad muy asequible. Es posible llegar a un gran grupo de personas y gastar muy poco dinero. Tiene un costo relativamente bajo por acción. Por esta razón, sería más prudente utilizarlo en comparación con la colocación de anuncios en la televisión y la radio, que podría costar un brazo y un diente. Se puede emplear tan sólo 50 dólares y llegar a 50000 personas. También puedes establecer un presupuesto diario o de por vida que puedes ajustar en cualquier momento.

El costo de los anuncios de Facebook es también más bajo que el de otras plataformas digitales como LinkedIn e Instagram. De hecho, los costos se reducen hasta en un 75%. Esto es incomparable.

3. Puedes medir los resultados

Los resultados de los anuncios no serán una mera estimación, sino que podrán ser cuantificados. Hay expertos en publicidad en Facebook que pueden instalar píxeles de conversión en tu sitio que son útiles para observar la actividad. Sabrás cuánta gente ha visitado tu sitio, cuantos nuevos seguidores que podrían ser clientes potenciales, cuantos clics y conversiones has obtenido. Por lo tanto, no implica especulación como otros métodos tradicionales. También es efectivo porque puedes saber la reacción de tus espectadores ya que los anuncios proporcionan una oportunidad para expresar lo que te gusta, lo que no te gusta o lo que comentas.

Además, si no ves resultados, puedes ajustar tu campaña, a diferencia de los métodos tradicionales en los que no puedes cambiar el contenido inmediatamente si no ves resultados.

4. Los anuncios de Facebook pueden conseguirte clientes recurrentes

Siempre están los clientes de una sola vez y luego los que regresan, los clientes que repiten. El deseo de toda persona de negocios es que sus clientes regresen. Puedes usar las características de público de esos clientes para añadir sus correos electrónicos en tus campañas publicitarias en Facebook. Esto se debe a que las personas que una vez te compraron son más propensas a hacer una compra repetida porque son usuarios de tu marca. Una compra no debe ser el final de la relación entre tú y tu comprador. Aprovecha el poder de crear clientes repetidos.

5. Puede ayudar a aumentar las recomendaciones de boca en boca

Dile a un amigo que se lo diga a un amigo. Esta frase es especialmente cierta cuando un cliente está satisfecho con el producto o servicio que recibió de ti. Un cliente satisfecho le dirá a su amigo y familia, quienes también podrían convertirse en tus clientes. Es posible que incluso se vuelva viral. Muchos negocios de moda han prosperado de esta manera. Alguien pide un vestido en una tienda de ropa en línea y le encanta lo que recibe. Definitivamente le dirá a sus amigos que lo comprueben. ¿El efecto? Una trayectoria positiva en el volumen de tus ventas, lo que, a su vez, aumentará tus beneficios.

6. Tus rivales de negocios también están usando publicidad en Facebook

Definitivamente quieres ser más listo que tus competidores. Es un negocio, y cada empresario está luchando para mantenerse a flote. Tus rivales también están usando anuncios de Facebook para maximizar sus ventas. Están apuntando a la misma audiencia que tú te estás perdiendo. Para evitar ser dejado atrás, no puedes ignorar los beneficios que vienen con el uso de la publicidad de Facebook. Los clientes pasan una cantidad considerable de tiempo en Facebook, y así es exactamente como puedes atraerlos.

Asegúrate de revisar los anuncios de tus competidores. Asegúrate de que los tuyos son más convincentes. ¿Quién sabe? Podrías influenciar a los mayores seguidores de tu competidor, y esto también podría resultar en una conversión de ventas.

7. Los anuncios de Facebook pueden ser un buen terreno para competir con marcas más grandes

Las nuevas empresas pueden aprovechar el marketing de Internet para poder hacer frente a la competencia de las marcas más grandes y establecidas. Sólo tienes que asegurarte de que tus anuncios sean llamativos, persuasivos y dirigidos a un determinado público para poder prosperar. Normalmente las marcas más grandes tienen una base de capital más grande y grandes beneficios y por lo tanto emplean métodos de publicidad baratos como los anuncios de televisión y las vallas publicitarias, lo cual puede no ser posible para los nuevos comerciantes.

8. También puedes sacar clientes de la plataforma de Facebook

Hay clientes que pueden saber de tu marca desde otro lugar y luego venir a tu Facebook. A través de tus anuncios, pueden visitar tu sitio web y eventualmente llegar a tu dirección física si están impresionados con lo que ofreces. En realidad, Facebook tiene una herramienta que es capaz de rastrear las compras desconectadas que han sido activadas por los anuncios de Facebook. La gente puede ser capaz de localizar la tienda más cercana desde el anuncio porque esta característica es capaz de mostrar el tiempo estimado de viaje, la dirección y los contactos telefónicos.

9. La publicidad en Facebook puede ayudarte a penetrar en nuevos mercados

Puedes probar el mercado a tu propio ritmo usando los anuncios de Facebook para las personas que están considerando introducir una nueva marca en el mercado. La plataforma aumentará la conciencia sobre tu marca, y la gente comenzará a interesarse por tu producto, lo que se traducirá en ventas. Por lo tanto, es muy fiable para un empresario que necesita entrar en nuevos mercados.

10. Puede hacerse en cualquier lugar

La naturaleza móvil de la publicidad en Facebook hace que sea muy sencillo llegar al objetivo adecuado a su conveniencia. Tres cuartas partes de los usuarios de Facebook se conectan usando teléfonos móviles. Con los más de 2. 5 millones de usuarios de Facebook, el público potencial será alcanzado. No se puede comparar la publicidad de Facebook con los anuncios de televisión donde se tiene que programar literalmente un tiempo para ver la televisión para que puedan ver tu anuncio. Por lo tanto, es muy versátil y puede ser usado en cualquier lugar, a cualquier hora.

11. Conciencia del tiempo

La publicidad en Facebook no pierde el tiempo. No toma mucho tiempo llegar a un gran número de personas. Es realmente alentador para una persona de negocios comenzar a recibir clientes interesados apenas unas horas después de colocar un anuncio. Incluso aumenta el entusiasmo de esa persona para seguir vendiendo su marca con más fervor.

12. Impulsa el interés por la marca

Cuanto más sepa la gente de la existencia de tu marca, más probable es que te compren. La publicidad en Facebook será una gran manera de informar al público objetivo sobre tu marca, y entonces podrán probarla y tomar una decisión sobre si hacer una compra o no.

Puedes aumentar el reconocimiento de la marca con los anuncios de Facebook al compartir un contenido sobresaliente, al usar quora y al seguir a las personas influyentes. No publiques el mismo tono y contenido en todos los canales. Esto podría ser absolutamente aburrido. Para destacarte, usa una marca consistente en todas las partes de tu sitio web, y mantén una biografía atractiva.

13. Puedes poner anuncios fácilmente

Los anuncios de Facebook son bastante fáciles de configurar. Es tan simple como elegir el tipo de anuncio a configurar, seleccionar el grupo objetivo, elegir el presupuesto y el tiempo necesario para hacerlo. Puedes optar por personalizarlo a partir de una serie de formatos y técnicas de licitación. Puedes pagar por igual, por impresión, por clic o por acción.

14. Puedes tener un objetivo específico

Tus clientes potenciales pueden conseguirse filtrando por conexiones, por ejemplo, los amigos de los usuarios que siguen tu página o el comportamiento e intereses que conlleva a las personas que han comprado un determinado producto recientemente. También puedes filtrar según la ubicación. Esto es para vendedores que se dirigen a personas de un área geográfica específica. También puedes filtrar según el estado civil, el sexo, la edad, la descripción del trabajo, siempre y cuando se ajuste al servicio o a los productos que se ofrecen.

Un buen ejemplo de filtrado es en la selección de ubicación; puedes seleccionar un país, estado o ciudad específicos. También puedes filtrar por viajeros recientes al lugar, personas que viven en ese lugar, o mejor aún, todos los que se encuentran en ese lugar. ¡Qué maravilla!

15. Facebook proporciona anuncios de vídeo

Los seres humanos son criaturas visuales. Prefieren ver un vídeo que describe una marca que leer toneladas de información sobre la misma marca. Los anuncios de vídeo también son pegadizos y así captan más atención. Por lo tanto, es una herramienta de marketing muy útil que es posible gracias a los anuncios de Facebook. Al final, los anuncios de Facebook impulsan más conversiones. Para que tus anuncios de video estén más orientados a los resultados, hazlo corto, ten el objetivo correcto y conoce tus indicadores clave de rendimiento. Asegúrate de que tu llamada a la acción caiga en medio del anuncio de vídeo.

16. Los botones de llamada han subido un poco más

Los botones de llamada han cambiado el juego. Su efectividad es mucho mejor que un clic en una página web. Gracias a los botones de llamada, ves un anuncio, haces clic en el botón "Llamar ahora" y ¿adivina qué? se captura al cliente. Para alguien que utiliza un dispositivo móvil, realizar una llamada es más sencillo que navegar por un sitio web, ya que es una forma más rápida de obtener información. Los botones de llamada han revolucionado totalmente la publicidad de Facebook y pueden ser considerados como la característica más importante hasta ahora. ¡Increíble!

17. El poder del remarketing

El remarketing es una estrategia publicitaria que te permite anunciarte a los visitantes recientes de tu sitio web. Esto sucede cuando visitas un sitio web, y un anuncio aparece poco después. Alguien puede visitar tu sitio web pero no comprar o contactarlo. Puedes aprovechar los anuncios de Facebook para captar y hacer un seguimiento de esos clientes, lo que, a su vez, dará lugar a conversiones.

18. Los anuncios de Facebook pueden aumentar las visitas a tu blog

Los blogs son una gran forma de relacionarse estrechamente con tu público. Facebook puede ser una gran herramienta para reducir la brecha entre el tráfico y tu blog. Los blogs crecen enormemente con el tráfico, de ahí la necesidad de que tu blog llegue a un público más amplio. Debes ser lo más creíble posible para que la gente confíe en que vale la pena hacer clic en el contenido.

Esto significa que también puedes aumentar los seguidores de tus redes sociales en tus plataformas sociales. Si tienes boletines de noticias por correo electrónico, tus suscriptores también aumentarán.

19. Tu posición SEO puede aumentar.

Las señales sociales ayudan a determinar cómo clasificar los motores de búsqueda. Un SEO más alto significa que obtendrás más tráfico en tu sitio web que las personas que también tienen palabras clave similares, por lo tanto, obtendrás más referencias de sitios web de los motores de búsqueda. La actividad de las redes sociales; los comentarios, las acciones y los Me Gustas en una publicación constituyen señales sociales. A través de Facebook, tus señales sociales pueden ser aumentadas, lo que significa que tus rankings de SEO también mejorarán.

Los rankings de SEO influyen en gran medida en las decisiones de compra de los clientes, ya que la gente considera que las marcas con un mayor ranking de SEO son más creíbles y fiables. Es en realidad lo último en estrategia de relaciones públicas y en lo que se debe invertir.

20. Eficacia

Hay pruebas que demuestran que el marketing de Facebook realmente funciona. La investigación muestra que más del 90% de los vendedores en línea confirman que la publicidad a través de Facebook ha sido fundamental para asegurar el éxito de tu negocio. Lo interesante es que no discrimina, sino que ayuda tanto a las empresas nuevas como a las ya establecidas a llegar a tu público, aumentar las ventas y, en consecuencia, aumentar tus beneficios. La gran audiencia global de Facebook y los costos accesibles lo convierten en la forma más efectiva y deseada de publicidad.

21. Los usuarios de Facebook influyen en la decisión de compra de los demás

Los consumidores pueden hablar de los productos en diferentes grupos de Facebook. Los usuarios de un producto pueden hablar de cómo lo han encontrado en sus páginas de Facebook. Esto es importante para ti porque puedes obtener referidos de esto y también puedes obtener comentarios negativos sobre tu producto, lo que te ayudará a mejorar.

Por ejemplo, si se trata de aceite de cocina, tal vez debas unirte a grupos de cocineros en los que las personas que utilizan aceites de cocina se comprometen a escuchar y aceptar comentarios. También conocerás las ventajas que tienen tus competidores sobre ti para mejorar en las áreas que necesitas.

22. El alcance orgánico de Facebook es limitado

Hoy en día, tener una página de Facebook no es suficiente. El alcance orgánico de Facebook está disminuyendo rápidamente debido al gran contenido que se crea y recrea cada día. Menos del 10% de tus seguidores pueden realmente seguir tus actualizaciones en su fuente de noticias porque la fuente de noticias ha sido diseñada primero para mostrar a los usuarios de Facebook las noticias más relevantes para ellos, por ejemplo, las publicaciones de sus amigos o su localidad primero. Facebook limita la visibilidad de las páginas de negocios en el canal de noticias. En la promoción de pago, muchas personas se encontrarán con tu marca porque esta limitación ha sido superada. No tendrás otra opción que usar anuncios para que la gente conozca tu marca.

23. El control recae sobre ti

Depende de ti decidir el contenido que se publica en los anuncios y también cómo se gasta el presupuesto. También puedes decidir quién ve tus anuncios. Este control es muy querido para ti porque el deseo de toda persona de negocios es participar en la toma de decisiones en su negocio y el tipo de anuncios a colocar es una decisión muy crítica que determinará si un negocio tendrá éxito o fracasará.

Tipos de modelos de negocio que pueden usar los anuncios de Facebook

Modelos de propiedad de negocios

Antes de aventurarte en cualquier negocio, es necesario entender las diferentes estructuras de propiedad de los negocios. Los inversores suelen decidir el tipo de negocio en función de la ubicación, la demanda y el plan. Mientras que a algunos dueños de negocios les gusta llamar la atención, otros prefieren pasar desapercibidos. Aquí están los cuatro tipos comunes de modelos de propiedad de negocios.

Propiedad exclusiva

La mayoría de las empresas de menor intensidad de capital suelen empezar como empresas unipersonales. Es la más simple de la lista y es propiedad de una persona que puede decidir utilizar su nombre o no. Todo lo que se necesita es un número de seguro social y los permisos necesarios. Este tipo de negocio no está sujeto a muchos conflictos porque el propietario es el único que toma las decisiones. Además, los propietarios únicos suelen ser tasados una vez y así evitan cualquier tipo de papeleo para operar. La mayoría de las empresas de nueva creación deberían optar por este tipo de estructura antes de que se vuelvan más sofisticadas. Les da la oportunidad de comprender claramente la dinámica del mercado antes de inyectar más capital o atraer a más inversores.

Asociación

Esto suele ocurrir cuando dos o más personas se unen para formar un negocio conjunto. Debe haber un acuerdo formal escrito que apruebe la unión. De lo contrario, puede ser fácil para un socio competir por la propiedad de ese negocio. Las asociaciones tienen ventajas como la de compartir los costos y las pérdidas del comienzo del negocio. Sin embargo, este tipo de estructura requiere el máximo profesionalismo porque puede derrumbarse fácilmente cuando surgen conflictos y discusiones. Todos los socios son 100% responsables de todas las decisiones cruciales que se tomen. También tienen requisitos fiscales únicos y se requiere mucho papeleo para presentar las declaraciones. Cualquier esquema de evasión de impuestos se toma en serio y puede llevar al cierre del negocio.

Corporación

En esta estructura, los propietarios tienen una responsabilidad limitada y el negocio funciona de manera independiente. Esto significa que los propietarios están protegidos por la ley contra cualquier acción legal personal en caso de que la empresa sea demandada. Las sociedades anónimas tienen derechos individuales y se las considera responsables como una entidad distinta. Tienen requisitos fiscales sofisticados y deben presentar una gran cantidad de documentos al presentar sus declaraciones de impuestos.

Sociedad de Responsabilidad Limitada (LLC)

Las LLC son como las corporaciones con la única diferencia de que son propiedad de múltiples individuos, fideicomisarios, corporaciones y otras LLC. Los propietarios tienen una responsabilidad limitada porque las LLC también se tratan como entidades comerciales individuales. Con las directrices adecuadas, las LLC pueden presentar impuestos como las sociedades, sólo que habrá más papeleo.

Las estructuras de propiedad de los negocios varían mucho, y debes hacer tu investigación antes de invertir en cualquier negocio. Así tendrás una visión cuidadosa de la inversión después de sopesar las opciones de salida disponibles.

En resumen, es hora de que aceptes que los anuncios de Facebook son necesarios para llevar tu negocio al siguiente paso. De hecho, si no estás usando ya los anuncios de Facebook, necesitas empezar de inmediato. La razón de esto es debido al gran número de personas que usan Facebook, la capacidad de recomercialización que ofrece Facebook, la maravilla que es la característica del botón de llamada y la capacidad de llegar a un objetivo específico del público. Facebook también te ayudará a aumentar la notoriedad de tu marca y a aumentar la atribución de los clientes, así como te permitirá hacer un seguimiento de los resultados. Los costos asequibles de la publicidad y su eficacia comprobada la hacen deseable para las empresas que quieren prosperar. Al final de todo esto, experimentarás un aumento de clientes potenciales, ventas e ingresos. Para asegurarte de que lo haces bien, invierte en un especialista en publicidad de Facebook que conozca perfectamente cómo funciona.

CAPÍTULO 7: LA PSICOLOGÍA DETRÁS DE LA PUBLICIDAD EN FACEBOOK Y SU IMPACTO

¿Alguna vez has revisado tu aplicación de Facebook varias veces al día? ¿La mayoría de las veces cuando estás desocupado? El dominio de Facebook como plataforma de redes sociales ha creado una increíble fascinación en los investigadores de todo el mundo. Más del 90% de los usuarios de Facebook admiten haber entrado en la aplicación varias veces durante el día.

Desde una perspectiva diferente, algunos podrían llamar a esto "estar adicto". ¿Pero qué podría hacer que un adulto se vuelva "adicto" en una plataforma de redes sociales? Los investigadores han verificado que hay una psicología detrás de la propia aplicación de Facebook que de alguna manera hace que los usuarios regresen.

La psicología detrás de Facebook como aplicación es el mismo concepto que hace que los anuncios de Facebook sean muy exitosos. A partir de la extensa investigación realizada por varias instituciones y organizaciones, la psicología detrás de los anuncios de Facebook se puede entender a partir de un conocimiento exhaustivo de la psicología de los usuarios de Facebook.

No importa cuán introvertido pueda ser un usuario de Facebook, las estadísticas muestran que de una manera u otra, todos los usuarios de Facebook participan con sus cuentas. Puede ser de forma activa o inactiva. Todos los usuarios de Facebook caen en cualquiera de las personalidades que aparecen a continuación dependiendo del contenido que publican.

Confiados

- Este tipo de personas tienden a ser buenas en las relaciones interpersonales;
- Son, en esencia, más cooperativos;
- Son útiles;
- Usan Facebook para mantener interacciones honestas;
- Sus interacciones son con personas que valoran;
- No hablan mal de otras personas en la plataforma.

Concienzudos

- Estas personas tienen una fuerte ética de trabajo;
- Están muy organizados;
- Su responsabilidad social es alta;
- No son usuarios frecuentes de Facebook;
- Publican contenido discreto y libre de controversia;
- No hacen publicaciones perjudiciales que dañen a otros en línea.

Extravertos

- Publican con frecuencia;

- Generalmente son personas positivas que usan Facebook para comunicarse y socializar;
- La red social es a menudo grande;
- Son habladores y optimistas;
- De las cinco personalidades, son las que más publican.

Personas demasiado abiertas

- Comparten con mucha frecuencia;
- Aprenden nueva información de la plataforma;
- Tienden a explorar nuevas ideas intelectuales en Facebook;
- Apenas socializan de manera informal.

Neuróticos

- Generalmente son personas negativas;
- Exhiben rasgos de baja autoestima, paranoia, bipolaridad entre otros rasgos;
- Se publican en temas privados como sus relaciones románticas;
- Constantemente buscan afirmación y atención a través de posturas controversiales;
- Hay muchas posibilidades de que un neurótico salga con sus quejas personales en Facebook;
- La mayoría de los neuróticos y ansiosos son personas muy sensibles.

A partir de las características anteriores, es probable que surjan patrones de usuarios de Facebook. Por ejemplo, los individuos confiados son más receptivos que los extravertos que tienden a exhibir tendencias narcisistas y neuróticos que buscan constantemente la validación.

Otro mecanismo psicológico que tiene un gran impacto en la forma en que las personas usan Facebook es la recompensa psicológica de usar Facebook.

Las recompensas psicológicas de usar Facebook y cómo afectan a los usuarios de Facebook

La gente está constantemente entrando en Facebook durante el día debido a las recompensas psicológicas que reciben por estar en la plataforma. Hay una sensación de logro que viene con el uso de Facebook. Facebook se ha convertido en una plataforma irresistible para muchos debido a estas recompensas.

La gente está buscando ya sea mantener relaciones concretas en la plataforma social o conseguir atención constante y validación. Cualquiera que sea, hay una satisfacción mental que cada usuario de Facebook obtiene.

Los anunciantes usan los mismos conceptos de psicología para obtener lo máximo de la publicidad de Facebook. La psicología detrás de la publicidad de Facebook se puede desglosar en estos factores individuales.

- El uso de los colores;
- El uso de imágenes;
- El uso de textos convincentes.

Estos son los elementos clave que los anunciantes de Facebook consideran al poner un anuncio en la plataforma. Aparte de lo que la gente mira en un anuncio, los anunciantes también consideran cómo un anuncio hace sentir a la gente. Lo hacen vendiendo la imagen ideal de lo que la gente necesita.

Con imágenes constantes de personas haciendo grandes cosas en sus vidas, hay una presión de las redes sociales para que la gente se mantenga al día. La gente quiere mejorar sus vidas. La mayoría de las personas que compran en línea están comprando la experiencia en lugar de los productos. Los anuncios de Facebook capitalizan la venta ideal. Es por eso que los detalles de un anuncio ideal de Facebook se centran en textos, colores e imágenes cautivantes.

La psicología de la publicidad usando colores

La psicología de los colores aumenta significativamente las interacciones al entrar en la parte más inconsciente del cerebro humano. Los colores tienen un impacto diferente en los usuarios de Facebook. Como anunciante, entender los fundamentos de la psicología del color puede ser de gran ayuda. Los detalles en la psicología de los colores son absolutamente esenciales.

No hay colores mejores o preferidos que se utilizan para crear permitir una rápida respuesta psicológica o emocional. Sin embargo, hay algunos factores que puede considerar para aumentar el tráfico de tus anuncios usando colores.

- Por ejemplo, puedes duplicar el CTR de un anuncio de Facebook incluyendo un borde de color en tu imagen;
- Hay algunos colores preferidos por el género femenino a otros colores y viceversa;
- Las tasas de conversión pueden aumentar hasta un 60% al contrastar los colores en dos enlaces diferentes dentro de una imagen;
- Las tasas de conversión de tu página pueden aumentar en un 14,5 % cuando el botón de color CTA se cambia de verde claro a amarillo.

Estos son algunos de los pequeños pero significativos aspectos de la psicología del color.

Diferentes colores y cómo afectan a tus anuncios de Facebook

Hay colores populares usados por casi todos los anunciantes en los anuncios de Facebook. Estos colores representan diferentes situaciones y transmiten mensajes específicos dependiendo de cómo se utilicen. Aquí hay algunos de ellos y lo que representan en la publicidad

Verde
- El color verde, en la mayoría de los casos, significa afirmación o acción positiva;
- Se asocia con temas ambientales;
- Es el color más fácil de procesar por el cerebro;
- El verde está en la parte superior de la lista de los colores más populares entre los hombres;
- Se asocia con los compradores que tienen un presupuesto;

- Puede ser usado para ofertas sociales;
- Los diferentes tipos de verdes son efectivos como contraste de color;
- Los verdes son vibrantes y al mismo tiempo suaves de mirar;
- El color verde atrae la mirada en un anuncio mientras que al mismo tiempo, logra ciertas emociones;
- Se puede decir que el verde es sutil y al mismo tiempo un color vibrante, perfecto para la publicidad.

Azul

- El azul es un color multigénero perfecto para la publicidad;
- Simboliza la seguridad y la confianza;
- Los azules más oscuros significan profesionalidad;
- Los tonos azules más claros calman los ojos y tienen un efecto calmante;
- En un anuncio de Facebook, el azul se puede usar con otro contraste de color para evitar que el anuncio se mezcle con el color del tema de la propia aplicación;

- Apenas funciona para los alimentos ya que la gente lo asocia con enfermedades;
- También representa la inteligencia, la lógica y la competencia;
- Puede ser usado como un buen color primario en caso en el que se incluyan colores vivos.

Púrpura
- El púrpura se encuentra en el lado femenino;
- También se asocia con la riqueza;
- Según las estadísticas, a los hombres no les gusta el color púrpura;
- Es un gran color de anuncio de Facebook para el público femenino;
- El púrpura es un gran color para los anuncios que transmiten el mensaje de riqueza y abundancia;

- Puede ser usado en un grupo demográfico de mujeres mayores de 60 años.

Blanco y negro

- El blanco y negro son colores seguros;
- Ambos transmiten sofisticación;
- También significan poder, inteligencia y sinceridad;
- El blanco y el negro van juntos en la mayoría de los casos;
- Los colores pueden ser usados para crear profesionalismo en los anuncios y sacar a relucir la sofisticación;

Otros colores alegres como el rojo, naranja y amarillo también se utilizan en los anuncios. Se usan intencionalmente para atraer la atención del lector.

La psicología detrás de los anuncios de Facebook usando textos

Palabras específicas causan ciertas respuestas cuando se usan en los anuncios de Facebook. Para que un anuncio de Facebook tenga éxito, los textos bien pensados son esenciales. Los textos en los anuncios se usan para sacar a relucir emociones o crear reacciones psicológicas.

Los anunciantes inteligentes de Facebook aprovechan las palabras y frases connotativas para lograr altas respuestas. Las palabras y frases connotativas tienen un significado mucho más profundo. La mayoría de las palabras efectivas son cortas y precisas pero llevan connotaciones. Aquí hay algunas palabras específicas que harán que tu anuncio tenga éxito en Facebook.

Usando "Tú"

"Tú" es una palabra simple, pero cuando se usa apropiadamente, puede tener un impacto importante en los usuarios de Facebook. El uso de "tú" en un anuncio llama la atención. La palabra retrata que un producto está construido específicamente para la persona que lee el anuncio.

- Puede ser usado para obligar a los lectores a comprar un producto;
- Puede ser usado para crear curiosidad de un producto para un lector;
- Puede ser usado para concienciar al lector específico sobre un producto.

La palabra "Ahorrar"

¿Quién no quiere ahorrar algo de dinero o tiempo? Los anuncios de Facebook son una forma perfecta de dar descuentos y ofrecer cupones. Los productos con descuento tienen más posibilidades de penetrar en el mercado y crear grandes beneficios. El uso de la palabra "ahorrar" instantáneamente atrae mucha atención de los usuarios de Facebook y automáticamente creará altas conversiones para ti. Algunos ejemplos de cómo usar efectivamente las palabras "ahorrar" son:

- "Ahorra dinero en esta fiesta con estos simples consejos de comida casera";
- "Aumenta tus ahorros hasta un 60% con estos consejos";
- "Ahorra un 40% comprando en las próximas 12 horas".

Usando la palabra "Nuevo"

La palabra "'Nuevo" es crucial en la publicidad. Con la producción de nuevos productos cada día, la gente está comprando cosas nuevas. Más gente se está alejando de la cultura del minimalismo y la compra de artículos de segunda mano para comprar artículos nuevos y asequibles. Un consejo importante a la hora de anunciar los nuevos productos es la publicidad a los clientes anteriores.

La palabra "Probado"

La palabra "probado" en el texto de tu anuncio en Facebook transmite confianza. Es un nombre efectivo en los anuncios de Facebook ya que su significado es pesado. La valoración de un producto puede ser reconocida a través del uso de la palabra "probado".

Aumentarás en gran medida las conversiones por el uso de "probado", ya que muestra una eficacia garantizada de un producto o servicio.

La palabra "Gratis"

Se ha demostrado que la palabra "gratis" aumenta la eficiencia de los anuncios en un 30%. La gente de todo el mundo, gusta de los productos o servicios con ofertas gratuitas. Sin embargo, debes asegurarte de usar la palabra "gratis" autenticamente con intenciones honestas para cumplir con la oferta gratuita.

Ofrece artículos o servicios gratuitos e inclúyelos en el anuncio. Por ejemplo, puedes ofrecer el envío gratuito a los que compran un producto por primera vez.

Un texto en tus anuncios saca a relucir las emociones de un comprador potencial y lo impulsa a hacer una compra. Las conversiones crecen a través de lo bien que tus anuncios capturan las emociones del usuario de Facebook.

El lenguaje emocional en los anuncios saca a relucir los sentimientos y hace que el anuncio sea más efectivo. Puedes usar el lenguaje emocional para evocar miedo, felicidad, lástima, humor o estímulo. Todas estas emociones resultarán en una reacción. Dependiendo de lo bien que uses las palabras, pueden crear conversiones increíbles para tu negocio o producto.

CAPÍTULO 8: CÓMO USAR EL ADMINISTRADOR DE ANUNCIOS DE FACEBOOK Y CONFIGURAR LA CUENTA DE ANUNCIOS

Cómo usar el Administrador de Anuncios de Facebook

Facebook introduce continuamente nuevas características en el gestor de anuncios para hacer la plataforma de la campaña más intuitiva. Sin embargo, comprender cómo utilizar el administrador de anuncios de Facebook es uno de los pasos para crear un anuncio decente y más exitoso en Facebook. De ahora en adelante, la implementación exitosa de una estrategia de mercadeo exitosa asegura que se llegue a más audiencias mientras se hace crecer la marca y los productos.

Para crear el anuncio más atractivo y exitoso en Facebook y sus filiales, es necesario entender cómo empezar con el administrador de negocios de Facebook y la creación de una cuenta publicitaria. Los dos son el comienzo de la creación de grandes anuncios mientras se determina dónde y cuándo mostrar a tu público objetivo. El capítulo destaca paso a paso cómo utilizar el administrador de anuncios de Facebook y el proceso de creación de una cuenta publicitaria en el perfil del administrador de negocios de Facebook.

Guía sobre cómo usar el Administrador de Anuncios de Facebook

Paso 1: Crear una cuenta en el Administrador Comercial de Facebook

Una vez que decida que quieres anunciarte a través de los anuncios de Facebook, debes crear una cuenta de administrador de negocios y establecer tus preferencias sobre tu marca y producto. El administrador de anuncios es una herramienta esencial, ya que te proporciona acceso a varias áreas, como las páginas y aplicaciones de tu empresa. Además, permite que tu equipo u otras personas administren tus cuentas, así como que optimicen tus anuncios y analicen los resultados.

Como principiante, la cuenta personal de Facebook, las páginas de negocios y la cuenta del administrador de anuncios de Facebook poseen diferencias significativas, especialmente cuando se trata de estrategias de marketing empresarial. Del mismo modo, la apertura de una cuenta de administrador de negocios y la creación del acceso a la publicidad también difieren. La configuración de un administrador de anuncios de Facebook incluye proporcionar los requisitos de registro, incluyendo tu nombre, dirección de correo electrónico y marca. Al crear anuncios, la herramienta pide detalles sobre tus pagos y facturas, detalles sobre tu producto y tu empresa para mostrarlos al público.

Paso 2: Explora tu cuenta de administrador de anuncios de Facebook

El administrador de anuncios de Facebook comprende todas las necesidades de creación, edición y realización de los cambios necesarios en tus anuncios. Las funciones del administrador de anuncios de Facebook proporcionan un impacto inmediato a tus anuncios, pero Facebook te permite establecer tus parámetros manualmente cuando lo desees. Algunos de los beneficios del administrador de anuncios de Facebook incluyen la provisión de administración y modificación de los anuncios, la supervisión de tus campañas existentes y la definición de tu público objetivo.

Después de la creación de tu cuenta de administrador de empresas, puedes acceder fácilmente al panel de administración de negocios de Facebook después de hacer clic en una flecha desplegable en la esquina superior derecha de tu página. El administrador de anuncios consiste en la descripción general de tu cuenta, las campañas, los conjuntos de anuncios y los anuncios, así como otras opciones como el rendimiento de los anuncios, el desglose, las exportaciones, los filtros y los cargos por los anuncios. De esta manera, estarás listo para establecer tus estándares y comenzar a crear tus campañas de marketing.

Paso 3: Elige tu objetivo

El administrador de negocios de Facebook pide inicialmente a los usuarios que establezcan sus objetivos cuando consideren la posibilidad de utilizar anuncios de Facebook al crear campañas. La selección del propósito de tu anuncio es el primer proceso de creación de tu anuncio, haciendo clic en Crear anuncio en la esquina superior derecha. Facebook ofrece varias categorías de objetivos que se adaptan a todos los comerciantes de comercio electrónico a través de su plataforma. Los tipos incluyen:

- Campañas de sensibilización;

- Campañas de consideración;

- Campañas de conversión.

En las campañas de sensibilización, se trata de la difusión y el conocimiento de la marca lo que crea un conocimiento y un interés de tu público hacia tus productos y tu marca. Las campañas de concienciación incluyen el tráfico, el compromiso, la instalación de aplicaciones, las visualizaciones de vídeo y la generación de contactos, principalmente atrayendo a tu público para que se comprometa con tu marca y tus productos. La conversión, por otro lado, incita a tu público a comprar tus productos a través de ventas de catálogo de productos, conversiones y visitas al sitio web de la tienda.

Selecciona el objetivo más conveniente y sofisticado para cumplir con tus objetivos de marketing, especialmente bajo las subcategorías. Facebook eventualmente creará tus anuncios a través de los objetivos establecidos después de la creación exitosa del nombre de tu campaña. Por lo tanto, estarás listo para pasar al siguiente paso cuando el anuncio sea creado oficialmente. Sin embargo, es esencial seleccionar la opción más preferida ya que determina el rendimiento de los siguientes pasos y el éxito de tu campaña.

Paso 4: Determinar y seleccionar el público

Facebook cuenta con más de dos mil millones de usuarios activos que visitan la plataforma diariamente, pero no todos son tu público objetivo. Como tal, tus objetivos deben centrarse únicamente en tu público, que son tus clientes potenciales. Facebook captura y registra datos masivos sobre sus usuarios, incluyendo edad, género, ubicación, educación, intereses, lenguaje y comportamiento, entre otros. Con una población tan grande, tus públicos objetivos son los elementos cruciales de tu campaña.

Afortunadamente, el administrador de negocios de Facebook ofrece los mejores filtros para adquirir tu público específico destinado a tu información. Algunas de las formas utilizadas para recibir a un nuevo público incluyen al público de semejanza, personalizado y principal. El público de semejanza es un individuo generado a partir del público existente, ya que posee características similares. El público principal se obtiene estableciendo tus criterios manualmente y filtrando la población general dentro de Facebook. El público personalizado se crea a partir de tu lista de amigos y listas de contactos de Facebook, así como de clientes antiguos y actuales.

La función de "Semejanza" de adquisición de nuevos públicos es una de las mejores, ya que se dirige principalmente a usuarios con cualidades similares a las de tu público actual. Cuando se crea un público similar, se eligen los filtros y los criterios o se seleccionan las preferencias y Facebook crea tu público automáticamente. Más aún, el público de semejanza juega un papel importante en la expansión de tu mercado desde tu población actual a un rango más amplio y equipado con características similares. Según Facebook, es esencial subir una lista de contactos de entre mil y cincuenta mil para garantizar la calidad de tus anuncios.

Paso 5: Fijar presupuesto

La publicidad en todas las plataformas cobra una tarifa mientras hace crecer tu marca para llegar a un público más amplio. Lo mismo se aplica a los anuncios de Facebook, pero ofrece diferentes formas a partir de ahora que permiten a los usuarios tomar el control de sus presupuestos. Si tienes varios anuncios activos en funcionamiento, puedes mostrar fácilmente cada uno de ellos por separado con tarifas alternas mientras decides cuánto gastarás en las campañas. Una vez más, Facebook ofrece dos métodos para mostrar tus anuncios: el gasto diario y el gasto de por vida en redes sociales, que también altera tus tarifas.

Gasto diario en redes sociales

El gasto diario en redes sociales es una tarifa regular que se cobra por un anuncio determinado y que se fija en un valor predeterminado de 20 dólares, pero que se puede ajustar fácilmente cuando la campaña está en marcha. Los cargos pueden variar dependiendo de cuántas veces se muestre en cada público o en la plataforma en general. Sin embargo, es vital gastar la menor cantidad de tarifas posible, por ejemplo, 5 dólares diarios y hacer que los anuncios se muestren durante unos siete días de forma continua para mejorar el rendimiento. También puedes decidir empezar con un cargo de 100 dólares que permita que los anuncios se muestren durante al menos dos semanas para un análisis completo que permita una optimización y gestión inicial efectiva.

Gasto de por vida en redes sociales

Puedes elegir mostrar tu anuncio por una duración más larga, cobrándote de alguna manera más barato en comparación con las tarifas diarias. El gasto en redes sociales de por vida puede variar desde unas pocas semanas hasta meses, considerando aspectos como el CPM y el CPC. Los dos también afectaron el gasto regular en redes donde el CPM se cobra por cada mil impresiones mientras que el CPC se cobra por cada clic en tus anuncios. El CPM es el más importante a la hora de crear conciencia de tu marca y productos, mientras que el CPC promueve tu negocio cuando la gente hace clic y visita tu sitio web o aplicación y hace una compra.

Paso 6: Elige dónde mostrar tus anuncios

Desde la adquisición de Instagram, Facebook ha aumentado sus plataformas publicitarias, lo que le permite elegir las áreas deseadas para publicar sus anuncios. Entre ellas se incluyen los canales de noticias de móvil y de escritorio, Instagram y Facebook Messenger. El administrador de anuncios de Facebook ofrece varias ubicaciones en las que puede seleccionar una o más categorías en las que tus anuncios se mostrarán y llegarán a tu público.

Noticias de escritorio y móviles

Cuando seleccione tus anuncios para mostrarlos en los canales de noticias de las computadoras de escritorio, móviles o ambos dispositivos, se ejecutarán incrustados en los canales de noticias. Es, por lo tanto, esencial para el conocimiento de la marca y el producto, así como para el compromiso. Al ejecutar anuncios con enlaces o aplicaciones, asegúrate de que sean compatibles con ambos o un solo dispositivo para evitar que se vuelvan molestos cuando tu público haga clic en ellos. Los anuncios deben seguir respondiendo tanto a los móviles como a los ordenadores de sobremesa, y deben ir acompañados de una experiencia fluida.

Columna de anuncios muestra

Estos son anuncios que aparecen en la columna de la derecha de Facebook y entre los primeros diseños de publicidad en el comercio electrónico. El diseño es consistente con los usuarios de computadoras de escritorio solamente y es adecuado para los anuncios que promueven tu marca y productos. Por lo tanto, incita a los clientes a comprar o a hacer clic y a conocer más sobre lo que ofrece tu negocio.

Públicos de la red de Facebook

Facebook ha creado múltiples asociaciones conjuntas, y lo mismo se aplica para crear una red en la que tus anuncios pueden mostrar y atraer a nuevas audiencias. Algunas incluyen aplicaciones móviles y sitios web que, de ahora en adelante, maximizarán la exposición mostrando anuncios a espectadores fuera de Facebook. Además, las redes de Facebook permiten que los anuncios se muestren en vistas de vídeo de manera eficaz mientras llegan a las personas en otras plataformas, especialmente mientras se navega en sitios web.

Instagram

Instagram es otra plataforma con millones de seguidores a diferentes cuentas, por lo tanto, creando un ambiente favorable para los anuncios. Como Instagram es un activo de Facebook, puedes elegir extender tus anuncios a Instagram en todos los formatos proporcionados por Facebook. Al igual que otras plataformas, Facebook te permite exponer tu marca a Instagram para llegar a más público para que se suba a bordo y compre tus productos.

Paso 7: Crear anuncios

Después de configurar tu campaña, audiencia y ubicación, ahora el administrador de anuncios de Facebook requiere que crees tu anuncio. En primer lugar, seleccionarás el modo de visualización creativa disponible en diferentes formatos, que incluyen el carrusel, la imagen individual, el vídeo individual, la presentación de diapositivas y la colección. Cada formulario acompaña a varias formas de mostrar tu anuncio. Por ejemplo, los anuncios de carrusel tienen imágenes que se pueden desplazar entre dos y diez, mientras que las colecciones comprenden tanto imágenes como vídeos que se muestran en pantalla completa.

Después de establecer el formato, elige la imagen, los vídeos o las presentaciones que destaquen y se centren en tu marca y producto, y que capten la atención del público objetivo de forma instantánea. Revisa tus límites probando diferentes imágenes, diapositivas o videos para adquirir las mejores. Sube la que desees y rellénala y luego haz una vista previa para ver tu resultado. Otros factores a tener en cuenta durante la creación de un anuncio son el texto del anuncio principal, los titulares y la descripción del enlace de tu marca. El texto del anuncio principal tiene hasta noventa caracteres, los titulares no más de veinticinco, mientras que las descripciones de los vínculos deben tener un máximo de noventa caracteres.

Paso 8: Añade tu campaña a Facebook

Una vez que hayas desarrollado tu anuncio acompañado de una llamada a la acción, un golpe dulce y directo, ahora es el momento de hacer clic en la opción "Hacer pedido". Facebook revisará tu anuncio para asegurarse de que cumple con las políticas de publicidad de Facebook. Si cumple, Facebook lo aprobará, y tu campaña se convertirá en una campaña en vivo para tu población objetivo.

Paso 9: Monitoreo de anuncios

Otro beneficio importante que ofrece el administrador de anuncios de Facebook es la posibilidad de supervisar su rendimiento, especialmente en el retorno de la inversión de tus campañas. Durante el proceso de supervisión, el administrador de anuncios te permite realizar cambios cuando corresponda, a la vez que registra el rendimiento en las métricas. Los clics son uno de los parámetros a comprobar para determinar el número de veces que el anuncio ha recibido clics. Las impresiones son el número de veces que se ha visto el anuncio, y la tasa de conversión es la medida del porcentaje de personas que ven, hacen clic y compran.

El administrador de anuncios de Facebook también te permite configurar un recordatorio en momentos específicos del día en los que comprobará y optimizará tus campañas. Como tal, Facebook ofrece las mejores maneras posibles de asegurar que recibas clientes a pesar de las técnicas de marketing competitivas en el comercio electrónico. Ajustar la información proporcionada, incluyendo la visualización creativa, la copia, tu presupuesto y la facturación, así como tu población objetivo, podría alterar el rendimiento. La técnica es vital si recibes poca atención en tus anuncios.

Cómo configurar la cuenta

La creación de una nueva cuenta de administrador de anuncios de Facebook o la reclamación de una cuenta ya existente proporciona un procedimiento similar para desarrollar campañas de marketing de comercio electrónico exitosas. La creación de una cuenta de administración de anuncios se lleva a cabo bajo el diálogo de administrador de negocios de Facebook, esencial para maximizar la administración de permisos de tu marca.

Paso 1: Crear un administrador comercial de Facebook

Antes de configurar una cuenta de administrador de anuncios de Facebook, debes crear un perfil de administrador de empresas que encontrarás al acceder en business.facebook.com y en Crear cuenta. Introduce el nombre de tu empresa o marca, el nombre, la dirección de correo electrónico y la página de la empresa. En los demás campos que aparecen a continuación, añade la información necesaria correctamente y envía tus datos para abrir el perfil de administrador de negocios de Facebook.

Paso 2: Abrir el asistente de configuración de la cuenta de anuncios

En el perfil de administrador de empresas, ve a Configuración del administrador de negocios y haz clic en Cuenta de anuncios en la sección Personas y activos de la cuenta de anuncios ya existente. En el caso de las cuentas de administrador de anuncios de Facebook recién creadas, verás un menú desplegable debajo de Personas y activos y selecciona Añadir cuenta de anuncios nueva. La apertura de la configuración de la cuenta de anuncios para la creación de nuevas cuentas se aplica tanto a las que tienen perfiles existentes como a las que son nuevas en el administrador de anuncios de Facebook.

Paso 3: Introduce tus datos

Escribe tu nombre para usar en la cuenta de anuncios, elige tu zona horaria y la moneda de tu región, estado o país. Asegúrate de que la moneda que introduzcas coincida con la que utilizarás para tus pagos durante el proceso de facturación de la creación de tus anuncios. Facebook utiliza tu zona horaria y tu moneda para publicar tus anuncios con el fin de mostrar campañas coherentes con tu región o país. Además, ten en cuenta que la información falsa, especialmente sobre el dinero, puede provocar el cierre de la cuenta. Añádete a ti mismo como administrador de la cuenta, así como a tu equipo participando en diferentes roles en la cuenta de anuncios.

Paso 4: Añadir métodos de pago

Con toda la información anterior, al agregar un método de pago se activa tu cuenta de publicidad. Selecciona el botón Métodos de pago y elige la opción que prefieras y configúrala correctamente para que el proceso de activación de la cuenta se realice con éxito. Una vez hecho esto, selecciona el país de facturación utilizando la tarjeta de crédito o de débito con la moneda indicada anteriormente. Además, asegúrate de que la información de la tarjeta de crédito o de débito sea coherente con tu nombre, ya que el administrador, como Facebook, no acepta diferentes títulos de la misma.

Paso 5: Confirmar y enviar datos

Después de colocar tu información correctamente, envía tus datos y tu cuenta será activada casi instantáneamente. Vuelve a la opción de Cuenta de Anuncios, y verás la opción Agregar Nueva Cuenta indicando que ya tienes una cuenta activa. En tu administrador de negocios de Facebook, puedes crear un máximo de dos cuentas de anuncios como administrador, así como reclamar tu cuenta en cualquier momento en cualquier perfil.

Añadir una cuenta de anuncios activa al Administrador Comercial de Facebook

El Administrador de Negocios de Facebook también ayuda cuando tienes más cuentas de anuncios y deseas agregarlas a tu perfil actual. Selecciona la configuración y haz clic en "Cuenta de anuncios" en "Personas y activos" y selecciona "Reclamar una cuenta de anuncios". Proporciona el ID de tu cuenta de anuncio actual para las cuentas de campaña o el ID personal si utilizas cuentas de anuncio personales. Reclama la cuenta y añádela a tu administrador de negocios de Facebook existente y adminístralas con facilidad en un solo lugar.

Cómo impacta la tecnología en la eficiencia de los negocios

Iniciar y dirigir un negocio exitoso sin el aporte de la tecnología en estos días es casi imposible. Las posibilidades de que el negocio sea un éxito son casi nulas. En un mundo en el que casi todas las compañías de varias industrias se mueven en el espacio digital, adoptar la tecnología es la única manera de competir eficazmente. Muchas plataformas tecnológicas están permitiendo a los dueños de negocios obtener el máximo de ganancias integrándolas en sus negocios. Desde sitios web de negocios hasta manejos de redes sociales y aplicaciones destinadas a una entrega de servicios más natural, las opciones tecnológicas son extensas.

La tecnología más moderna es el aprendizaje automático y la inteligencia artificial. Está cambiando por completo la fase de muchos negocios y provocando una revolución de la eficiencia y el beneficio en un tiempo mínimo. La plataforma digital TabSquare ha adoptado la IA para maximizar la eficiencia de tus sistemas y clientes de servicios en todo el mundo.

Habilidad de aprendizaje de máquinas de Tabsquare en la gestión de negocios

Como empresa que opera con la asistencia masiva de la tecnología, mantenerse al día con las tendencias tecnológicas actuales es esencial para el crecimiento de la empresa. Los consumidores son la prioridad número uno en cualquier negocio. Garantizar que sus necesidades sean satisfechas de la manera más profesional y efectiva resultará sin duda en un negocio exitoso. Con la ayuda de la IA, TabSquare proporciona soluciones inteligentes que garantizan el beneficio y aseguran la calidad y la fiabilidad del servicio al cliente.

La mejor parte del uso de la IA en TabSquare es el factor multilingüe. Un sistema de IA eficaz puede detectar rápidamente miles de idiomas en todo el mundo. Las limitaciones, en este caso, se convierten en una cosa del pasado ya que los negocios pueden llegar a una audiencia masiva. La precisión de la IA en el manejo de múltiples idiomas es de nuevo un factor que grita eficiencia en la tecnología. Con una audiencia tan amplia en los negocios, los beneficios están destinados a escalar más alto.

La IA vuelve a ganar en el mundo de la tecnología avanzada ya que permite a las empresas tomar datos que son útiles en la referencia futura de la dirección de la empresa. Por ejemplo, la amplia información de los consumidores nutrida en el sistema de IA puede detectar futuros problemas y tendencias. Como negocio, la capacidad de prever una calamidad o un progreso empresarial en espera puede ser extremadamente beneficiosa en los futuros procesos de toma de decisiones.

Factor de ahorro de tiempo

El factor de ahorro de tiempo es la razón número uno que las empresas considerarían al incluir la inteligencia artificial en sus sistemas. El uso de la IA en TabSquare ha logrado sustancialmente este aspecto. El sistema puede proporcionar soluciones rápidas y efectivas que un agente de atención al cliente promedio tardaría en resolver. También ha sido capaz de eliminar los inconvenientes de un agente personal de atención al cliente cuando tienen días libres o cuando tienen emergencias que provocan su indisponibilidad. La IA funciona a lo largo de las estaciones y los horarios. Podría servir a tus clientes las 24 horas del día, los 7 días de la semana, según tu preferencia. El nivel de eficiencia experimentado en el factor de ahorro de tiempo del sistema de inteligencia artificial vale la pena invertirlo como negocio.

Los avances tecnológicos que crean eficiencia en los negocios son más que evidentes. La era digital está aquí y considerando que muchas empresas se están moviendo en la dirección de la tecnología y sus avances, los empresarios sólo pueden entusiasmarse con las posibilidades de operaciones comerciales aún mejores. El éxito de cualquier negocio en esta nueva era depende únicamente de su versatilidad tecnológica. Más empresas deberían adoptar los nuevos avances tecnológicos para tener un impacto en su espacio. De lo contrario, corren el riesgo de ser expulsadas del negocio por competidores que ya han adoptado la tecnología y están dispuestos a investigar más sobre las tendencias comerciales actuales. No te quedes atrás en esta era tecnológica.

CAPITULO 9: TIPOS DE ANUNCIOS DE FACEBOOK QUE DEBES EVITAR

E l administrador de negocios de Facebook ofrece varios tipos de anuncios esenciales para ti mientras consideras una campaña de marketing de comercio electrónico. Sin embargo, cada tipo acompaña a diferentes especificaciones, beneficios y perjuicios, por lo que es vital seleccionar los deseados para tsu campaña. Por lo tanto, vamos a descubrir diferentes tipos de anuncios de Facebook que debes evitar durante la creación de tu anuncio. Los formatos de los anuncios son de todas las redes de audiencia de Facebook, móviles y de escritorio, y las plataformas de Instagram.

Anuncios dinámicos

Uno de los principales tipos de anuncios de Facebook que hay que evitar es el anuncio dinámico, que consiste en que tu público vea una producción similar a la de Facebook, previamente vista en tu sitio web. A pesar de que el producto es más personalizado y relevante para tu público objetivo, la campaña muestra la misma información que ya ha sido examinada por el usuario. Por otra parte, si decides utilizar anuncios dinámicos para mostrar tu anuncio, Facebook te permite ahorrar entre un treinta y un cincuenta por ciento en los costes de adquisición

Los anuncios dinámicos también sólo se aplican en los casos en los que tienes más de diez imágenes que deseas mostrar en forma de carrusel. Sin embargo, sólo son esenciales cuando se necesita publicar más de diez fotos ya que los carruseles sólo permiten un máximo de diez. Del mismo modo, los anuncios dinámicos se ejecutan a un costo más alto, mientras que sólo proporcionan resultados similares en comparación con el tipo de anuncios de carrusel. Además, los anuncios dinámicos son una modificación de los carruseles con la capacidad de mostrar más fotos desplazables.

Por consiguiente, al utilizar los anuncios dinámicos, permiten alcanzar varios objetivos de marketing de comercio electrónico. Además, puedes seleccionar tu público deseable categorizado como productos de venta superior y venta cruzada y ver o añadir al carrito de compras, pero no al público comprado. Este tipo de anuncios de Facebook se encuentra entre los mejores cuando se trata de la promoción de tu marca y producto, ya que incita a tus espectadores a comprar tus bienes o servicios. Por lo tanto, mejora el rendimiento de tu campaña y, al mismo tiempo, proporciona la información deseada a tu público.

Características de los anuncios dinámicos

- Los titulares tienen un máximo de 25 caracteres;

- El tamaño de la imagen abarca tanto 1200 x 628 como 600 x 600;

- El texto del anuncio usa hasta 90 caracteres mientras que la descripción del enlace tiene 30 caracteres.

Anuncios canvas

Los anuncios de lienzo son otro tipo de anuncios interactivos que involucran al público con el contenido de Facebook. Sin embargo, el canvas sólo es aplicable y compatible con los dispositivos móviles, lo que limita a los usuarios de escritorio a perderse tu anuncio. Este tipo de anuncio de Facebook puede utilizar cualquier formato de tu campaña y la gente puede pasar el dedo para ver los productos. También se puede inclinar, acercar y alejar para ver el producto o la marca correctamente ya que se cargan mucho más rápido en comparación con otros tipos de anuncios. Los anuncios se muestran en el modo de pantalla completa, lo que hace que los usuarios puedan ver, hacer clic, tocar o pasar el dedo y interactuar con tu marca.

Como un tipo de anuncios de Facebook que hay que evitar, la publicidad canvas dificulta tu acceso a la audiencia general que se encuentra en la plataforma. Esto se debe a que casi la mitad de tu público objetivo puede perder la oportunidad de ver tu producto o marca mientras utiliza dispositivos de escritorio, redes de Facebook o Instagram. Como la mayoría de los tipos de anuncios, la función principal de Facebook como plataforma de marketing de comercio electrónico es llegar a más público, maximizando así tus ventas. Con tal presencia de límites o restricción al uso del móvil solamente, te estás perdiendo a otros clientes a los que les gusta usar las computadoras de escritorio y las páginas web de Facebook.

Sin embargo, algunos de los beneficios de utilizar anuncios canvas incluyen la visión de por vida de tus productos en el móvil, la entrega de una inmersión completa y campañas interactivas en línea. Este tipo también asegura que tu público acceda fácilmente a la página web de tu empresa o mientras ve los detalles dentro de la aplicación móvil. Los anuncios canvas acompañan a diferentes componentes y características que incluyen;

- Cabeceras con logotipos;

- Botón para ser redirigido a enlaces externos;

- Opciones de reproducción automática;

- Son 45 caracteres en encabezados mientras que el texto del anuncio es de 90;

- Bloque de texto;

- Carrusel de imágenes.

Anuncios Lead Ads

Los anuncios publicitarios son campañas de Facebook que se centran en la recopilación de las direcciones de correo electrónico de los usuarios en beneficio de la creación de listas de correo para alertar a tu público sobre tu marca y tus productos. El anuncio insta a tus prospectos a registrarse en tu página permitiéndoles compartir o interesarse por tu negocio.

Sin embargo, Facebook juega un papel importante ya que automáticamente llena los campos en los que tus prospectos se registran rápidamente y hacen crecer tu lista de correo electrónico. Desafortunadamente, no a todo tu público objetivo le encantaría el proceso de proporcionar sus detalles.

Los datos de tu audiencia se almacenan en tu cuenta de anuncios y luego se trasladan a un sistema CRM que automatiza inmediatamente el proceso general. Al igual que otros tipos de anuncios de Facebook, las campañas de leads también comprenden especificaciones que son el formato de párrafo de las tarjetas de contexto con recuadro de titulares de hasta 60 caracteres y la política de privacidad de los enlaces del sitio web, entre otras. Las nuevas direcciones de correo electrónico de los clientes potenciales se añaden a una lista que ya está conectada al equipo del proveedor de servicios con servicios automatizados aprovechados.

Los anuncios de clientes potenciales son importantes para los anunciantes que desean crear una larga lista de direcciones de correo electrónico de clientes potenciales y establecer parámetros para enviarles alertas automáticas sobre nuevos productos, cambios o descuentos. Por lo tanto, este tipo de anuncios de Facebook no se recomienda para principiantes interesados en crear conciencia mientras promocionan sus productos y negocios. Más aún, los anuncios principales son más adecuados para las marcas establecidas que desean ampliar su mercado. Además, permite a sus clientes potenciales mantenerse actualizados sobre los productos de tendencia a través de boletines o notificaciones ocasionales.

Anuncios de texto en página

Los anuncios de texto en páginas web son de los que deberías evitar, ya que tienen pruebas limitadas sobre tu producto o marca. Este tipo de anuncios compromete principalmente a tu público con textos de planes publicados en tu página de negocios en Facebook, pero es probable que no den resultados satisfactorios. Los anuncios de texto en páginas se suelen mostrar en las columnas de la derecha de las fuentes, tanto en dispositivos móviles como de escritorio. Los textos del plan tienen numerosas desventajas en comparación con sus beneficios. Algunas de las negativas son la poca atención que generan los prospectos; carece de características llamativas para atraer a su público y el espacio limitado para supervisar y optimizar su rendimiento.

Por otro lado, los anuncios de texto en páginas web tienen beneficios, por ejemplo, la interacción directa con tu público a pesar de que se deterioren tus prácticas de interacción. Sin embargo, el contacto directo tiene un área limitada para hacer clic, desplazarse o incluso tocar para ver los productos que se anuncian. Dicho esto, asegúrate de evitar utilizar este tipo de anuncios de Facebook ya que se encuentra entre las clases de bajo rendimiento a pesar de ser el método más barato de publicidad en Facebook. Los anuncios de texto en las páginas pueden incluso convertirse en una de las peores opciones para ti, especialmente cuando carecen de publicaciones de páginas potenciadas de Facebook.

Anuncios de imagen única

Los anuncios de una sola imagen son de los más comunes hoy en día e implican fotos de calidad que se muestran tanto en Facebook como en Instagram. Las imágenes son de 1200 x 628 píxeles, por lo tanto, permiten publicar fotos de calidad en la comercialización de tus productos. Sin embargo, las fotos de un solo producto pueden resultar tendenciosas y a veces se superponen con múltiples textos. A pesar de estar entre los formatos más utilizados hoy en día, es importante utilizar otros tipos para mostrar a tus clientes potenciales más sobre tu negocio y en detalle a través de varias imágenes.

Los anuncios que contienen imágenes individuales son adecuados para mostrar a personas o clientes divertidos o felices, así como a los beneficiosos, por ejemplo, cuando se ofrecen descuentos. Sin embargo, puedes elegir otras opciones para que los nuevos negocios muestren varios elementos de tu empresa. Por ejemplo, las empresas de reciente creación requieren descripciones de la marca y los productos, así como alguna información sobre tu empresa. Como tal, un anuncio de imagen se convierte en un reto para resaltar toda la información. Los principiantes deben evitar los anuncios de una sola imagen mientras crean anuncios de Facebook para publicar.

Anuncios para obtener Me gusta

Los anuncios para obtener Me Gusta son campañas para hacer crecer los "Me gusta" dentro de la página de tu negocio con el fin de llegar a más prospectos y construir una base de fans más amplia. Un anuncio para obtener Me Gusta es esencial, especialmente cuando necesitas que tus fans vean cualquier notificación sobre tu marca o producto. Facebook te permite llegar a entre el dos y el tres por ciento de su audiencia con un botón de llamada después de tu publicación. Facebook también te ofrece la oportunidad de establecer tus parámetros sobre a quién atraer para convertirse en tu fan. Es decir, puedes elegir tu público objetivo en los filtros y anunciar el mensaje a los individuos deseados.

Sin embargo, los anuncios tipo página tienen un impacto mínimo durante la creación de campañas para aumentar la conciencia y la promoción del producto. Para los principiantes, el desarrollo de anuncios con excelentes características acompañadas de descripciones bien detalladas anima a tu público a comprar tus productos. Con la configuración de Facebook, la baja audiencia llega mientras se utiliza un anuncio para obtener Me Gusta, busca otros tipos de formatos de anuncios para llegar a una población objetivo más amplia y crear un margen más considerable de prospectos. Posteriormente, los anuncios para obtener Me Gusta pueden atraer a personas no deseadas; por lo tanto, pueden involucrar a personas no interesadas en tu marca o productos.

Anuncios de carritos abandonados

Los anuncios de carrito abandonado son otras campañas en formato de Facebook que son necesarias, pero que debes evitar durante la creación de tus estrategias de marketing de comercio electrónico. En un estudio realizado por el Instituto Baymard, alrededor del setenta por ciento de todos los compradores a nivel mundial abandonan sus carritos mientras compran en diferentes empresas. Por lo tanto, los anuncios de carritos abandonados tienden a permitir que estos compradores regresen a la tienda y continúen comprando o completen su compra. Facebook lanzó un anuncio de carrito abandonado con características personalizadas cruciales para dirigirse a estos individuos.

Puedes usar videos divertidos o imágenes bien ilustradas para hacer que vuelvan a sus carritos y completen la compra. Sin embargo, tales anuncios tienden a contener un bajo compromiso y una naturaleza seductora exigiendo al individuo que realmente continúe comprando. Más aún, los compradores pueden ver los anuncios e ignorarlos mientras que otros no abandonan sus carros pero tienen la intención de seguir comprando más tarde. Por lo tanto, te recomendamos que evites este tipo de anuncios ya que tienen un impacto mínimo en la conducción de los compradores de vuelta a tu tienda cuando abandonan o detienen su envío.

Anuncios de Facebook Messenger

Los anuncios de Facebook Messenger se centran principalmente en la aplicación móvil de Facebook Messenger para aquellos que les gusta chatear con sus amigos. Los anuncios se ejecutan en la pestaña principal, lo que permite al usuario verlos mientras se encuentra en la bandeja de entrada del messenger entre diferentes conversaciones. Si te interesa, el usuario puede hacer clic en el anuncio y éste puede redirigirse al sitio web de tu marca o a ver los productos. Los anuncios no pueden ser vistos ni por aquellos que utilizan sus bandejas de entrada ni por los activos durante la creación de la campaña.

Características de los anuncios de Facebook

- El tamaño máximo de la imagen es de 1200 x 628;

- Relación de la imagen 1:9:1;

- Los caracteres incluyen 30 para la descripción, 125 para el texto y 25 para el encabezado;

- El ancho mínimo de las imágenes es de 254 x 133.

Ver los anuncios en la conversación es una excelente opción para ti, pero es posible que más prospectos no usen Facebook Messenger con frecuencia, lo que limita tu audiencia. Asimismo, la plataforma puede mostrar un número limitado de anuncios en comparación con la página principal u otras plataformas vitales para tu campaña. Por lo tanto, el formato de los anuncios de Facebook Messenger debe ser evitado. Esto se debe a que puedes optar por publicar tus anuncios en la sección de noticias o en la red de audiencias de Facebook y así llegar a un público más amplio. Por consiguiente, aumentará el rendimiento de tu publicidad al tiempo que incrementará tu base de fans y tus perspectivas.

Eligiendo el mejor formato de anuncios de Facebook

Las decenas de formatos de anuncios de Facebook pueden suponer un reto, especialmente para los principiantes, a la hora de determinar cuál utilizar al crear tus campañas de marketing de comercio electrónico. Decidir qué forma usar puede depender principalmente de la etapa de tus productos o marca, la naturaleza y los objetivos. Cuando sea necesario crear conciencia, entonces los anuncios deben transmitir únicamente el mensaje que se pretende. Los principiantes pueden terminar seleccionando formatos que resulten en menores rendimientos, por lo tanto, llevando al fracaso en la comercialización de anuncios de Facebook.

Del mismo modo, los diferentes tipos de anuncios de Facebook siguen siendo introducidos para lograr un objetivo particular, por lo tanto, siempre verifica tus objetivos antes de decidir sobre tu formato factorial. El propósito real, la audiencia y el formato van de la mano en la creación del anuncio de Facebook más exitoso, esencial para tu campaña. Antes de seleccionar el formato deseado, comprende los diferentes tipos de anuncios de Facebook. Aprender sobre estos formatos asegura que puedes optimizar fácilmente y hacer los cambios necesarios en la forma correcta recopilada.

CAPÍTULO 10: PIXEL DE FACEBOOK Y GESTOR DE ANUNCIOS DE NEGOCIOS

Un administrador de negocios de Facebook está hecho para ayudar a los usuarios y a los propietarios de negocios a administrar y organizar sus empresas. Para que los usuarios puedan crear un anuncio de Facebook con el administrador del negocio, primero deben crear una cuenta de administrador de negocios. Este es un proceso simple que tiene pautas claras. Sin embargo, primero deben crear un perfil en Facebook. Facebook permite un máximo de dos cuentas de negocios; no puedes tener más de una cuenta de administrador de negocios.

Estos son los pasos que debes seguir al crear una cuenta de administrador de negocios;

1. Asegúrate de tener una cuenta personal en Facebook que ayude a identificar al usuario;

2. Enlaza la cuenta con el sitio web de Facebook, es decir, business.facebook.com;

3. Haz clic en el icono de crear cuenta;

4. Escribe un nombre de negocio único para evitar conflictos y confusión con negocios similares. Deberás realizar una búsqueda de nombres con un profesional antes de decidir el nombre definitivo de la empresa. Este es también el

momento adecuado para adjuntar el correo electrónico laboral, así como cualquier otro detalle importante de la dirección. Donde también tendrás que seleccionar tu página principal e introducir tu nombre y el correo electrónico laboral.

Una vez que los usuarios hayan terminado de configurar la cuenta del gerente de negocios, ahora pueden enviar enlaces de invitación a tus amigos. Para llegar a un público más amplio, puedes iniciar la campaña publicitaria.

Añadir una cuenta publicitaria en la cuenta del administrador del negocio es muy fácil. A continuación, te indicamos algunos pasos que deberías seguir para obtener mejores resultados:

Paso 1. En la página de inicio de tu administrador de negocios

Haz clic en el botón de "añadir cuenta de anuncios". Una vez que hayas hecho clic en él, tendrás dos opciones: añadir una cuenta de publicidad existente o crear una nueva cuenta de publicidad.

Es importante tener en cuenta que si estás creando una nueva cuenta de anuncios, deberías utilizar el nombre de la empresa cuando se te pida que le pongas un nombre a la nueva cuenta. Cuando termines con el proceso, harás clic en crear una cuenta de publicidad. Este paso ofrece a los usuarios la posibilidad de tener una breve idea de cómo serán sus anuncios.

Paso 2. Instalando un pixel de Facebook

Para que un usuario pueda crear un anuncio en Facebook, es necesario que instales el píxel de Facebook en tu sitio web. Ofrece mayores beneficios y atrae más clientes potenciales a los sitios web de negocios.

Pero, ¿qué implica? Un píxel de Facebook es un código de seguimiento que permite a Facebook identificar a las personas que visitan el sitio web de su cliente. Crea una audiencia personalizada y crea anuncios para un mercado potencial. También puede ayudar a las empresas a identificar a los clientes potenciales y futuros basándose en los datos que recogen de los que visitan su sitio web.

Paso 3. Establecer el público objetivo

Después de la instalación del pixel de Facebook para los anuncios, ahora debes configurar el público objetivo. Esto implica seleccionar la audiencia a la que quieres llegar usando el anuncio. Permite a los propietarios de negocios obtener resultados óptimos del anuncio que han compartido con la audiencia. También garantiza el uso adecuado de los recursos para que el usuario no utilice un presupuesto excesivo mientras el producto llega al público equivocado.

Al elegir el público adecuado, se deben tener en cuenta factores como la edad, el sexo, la ubicación y la demografía. Para acceder a la herramienta de público, el usuario debe iniciar sesión en la cuenta del administrador del negocio en la sección de activos y seleccionar la opción de público. El público puede clasificarse en: público de semejanza, público guardado o público personalizado.

El público personalizado es aquel que ya está familiarizado con el producto del usuario y se relaciona de vez en cuando con el usuario a través de la página y el sitio web de Facebook.

El público guardado, por otra parte, es el público que comparte un interés común con tu línea de productos. El público guardado es un buen comienzo para un vendedor principiante que está anunciando su producto en un nuevo mercado.

Un público análogo es el que se asemeja al mismo interés que el del público personalizado con el que el usuario ya ha interactuado.

Paso 4 Creando tu anuncio.

Una vez que hayas terminado con todos los pasos anteriores, estarás en una buena posición para crear el anuncio y ejecutarlo a través de la cuenta del administrador del negocio a través de la página de Facebook. Sin embargo, antes de ejecutar el anuncio, el usuario debe, sobre todo, no olvidarse de clasificar su campaña publicitaria en tres niveles, es decir, los objetivos, las conversiones y las ventas o los clics. Teniendo en cuenta todo esto, el usuario o el vendedor estará listo para ejecutar una campaña publicitaria muy exitosa que dará resultados óptimos.

En conclusión, nos damos cuenta de que lo más importante, incluso cuando un usuario ejecuta un anuncio a través del administrador del negocio, es siempre tener bien definido su objetivo. En todo lo que una persona hace, incluso en nuestro día a día normal, los objetivos son los que siempre nos guían hacia el éxito. Por ejemplo, cuando un vendedor quiere anunciar el producto, debe ser muy consciente de los beneficios que se derivarán de esa campaña. Al anunciar un producto, el usuario siempre debe asegurarse de que tiene en cuenta el interés, la edad, el sexo y la ubicación de su mercado objetivo antes de publicar un anuncio en Facebook a través de la cuenta del administrador del negocio. Un vendedor también debe tener un presupuesto razonable para no estar tan limitado al realizar una campaña publicitaria.

Facebook es una plataforma global que es utilizada por casi todas las personas en el mundo, ha demostrado ser un gran lugar donde muchos negocios han logrado crecer a través de anuncios. Esto se debe a que los propietarios de negocios pueden dirigirse al mercado y público adecuados en línea con los productos con los que están tratando.

¿Cómo usar el píxel de Facebook?

El pixel de Facebook es una herramienta analítica que se utiliza para determinar el rendimiento de la publicidad de un usuario. Permite a los dueños de negocios entender las acciones que los visitantes hacen cuando visitan su sitio web. Cada vez que los clientes potenciales visitan su sitio web preferido a través de un anuncio de Facebook, el pixel de Facebook analiza, mide y reporta la acción. Esto ayudará a los propietarios de empresas a conocer el tipo de acciones que los visitantes realizan cuando visitan su sitio. A su vez, ayuda a crear una audiencia personalizada o un mercado objetivo. A través del píxel de Facebook, el gigante de las redes sociales puede conocer a las personas que tienen más probabilidades de realizar acciones similares si visitan tu sitio y puede ayudar a establecer un público de semejanza. Algunas de las acciones que realizan los píxeles de Facebook incluyen la recopilación de información y datos que ayudarán al usuario a rastrear la conversión de los anuncios de Facebook y a crear un público objetivo que se utilizará en el futuro.

El uso de los píxeles de Facebook para la comercialización es muy importante, ya que desempeña un papel crucial en la provisión de información que un comercializador puede utilizar para ayudar a crear un anuncio que tenga un rendimiento óptimo. La información recopilada también puede ayudar al usuario a conseguir el público objetivo adecuado para su anuncio. Esto informa a los propietarios de las empresas sobre quién es más probable que tome alguna medida, por ejemplo, la compra de un producto después de ver el anuncio. Como resultado, esto eventualmente aumentaría la tasa de conversión de un anuncio de Facebook.

Cómo el pixel de Facebook puede ayudarte con el marketing

1. Te ayuda a saber cuántos visitantes llegan a tu sitio web después de ver el anuncio en Facebook. También ayuda a rastrear a tus visitantes y te permite ver qué dispositivo utilizan principalmente para visitar tu sitio web. Por ejemplo, puedes comprobar si la mayoría utiliza sus dispositivos móviles o sus computadoras personales.

2. Después de visitar tu sitio web, el píxel de Facebook puede ayudarte a redirigir tu audiencia. Te permite ver el tipo de producto que le interesó a un visitante. Por ejemplo, un cliente puede seleccionar un producto en su sitio web y dejarlo en el cuadro sin finalizar la transacción. Con el pixel de Facebook, puedes ser capaz de volver a anunciar el producto al cliente específico como una forma de atraerlo.

3. El pixel de Facebook también permite al usuario crear una audiencia similar. Además, agrupa a los que ya han visitado el sitio web del usuario y a los que podrían tener el mismo interés que los que ya han visitado el sitio. Se considerará el interés, la ubicación, el género, la edad y la demografía del grupo objetivo de semejantes.

4. El píxel de Facebook también ayuda a los propietarios de empresas a optimizar la tasa de conversión de su anuncio de Facebook. Con los datos reunidos el usuario puede enfocar su anuncio a una audiencia específica, lo que a su vez mejorará la tasa de conversión al máximo. Lo hace aumentando la posibilidad de que el público visite el sitio

web y realice diversas actividades, como la compra de un producto.

5. A medida que los visitantes visitan tu sitio web y hacen compras, el píxel de Facebook puede ayudar al usuario a agrupar a su público según el valor del producto que compra o en el que está interesado. Por ejemplo, puede ayudar al usuario a conocer el público que tiene más probabilidades de comprar un producto de alto valor y el que está interesado en productos de bajo valor. Esto ayudará al usuario a agrupar a su público según su nivel de ingresos.

Eventos estándar del Pixel en Facebook

Los eventos son acciones que siempre tienen lugar cuando la gente visita tu sitio a través de anuncios de Facebook.

Facebook tiene 17 eventos estándar de píxeles de Facebook;

1. **Compra** - esto es cuando un visitante visita tu sitio y completa una compra y hace los pagos requeridos para el producto.

2. **Contacto** - esto es cuando los clientes objetivo visitan tu sitio web y hacen una llamada telefónica, envían un SMS o un correo electrónico para contactar con tu negocio en relación con un producto o servicio específico.

3. **Donar** - esto es cuando un visitante de tu sitio web dona a tu organización o evento que había sido anunciado en Facebook

4. **Personalizar el producto** - esto es cuando un cliente escoge un producto específico, por ejemplo, un producto de un color o tamaño específico.

5. **Programar** - esto es cuando un cliente reserva o programa una cita con su negocio.

6. **Encontrar una ubicación** - es cuando un cliente busca la ubicación física de tu negocio.

7. **Ver contenido** - cuando un cliente llega a una página o categoría específica de los productos de tu sitio web.

8. **Suscribirse** - cuando un cliente paga una cuota de suscripción para un producto o servicio de tu sitio web.

9. **Añadir a la tabla** - cuando un cliente añade un producto que le interesa a su carrito de compra en tu sitio web.

10. **Añadir información de pago** - un cliente añade su información de pago durante el proceso de compra en tu sitio web.

11. **Cliente potencial** - un cliente se registra para probar un producto en su sitio web o se identifica como cliente potencial en tu sitio web.

12. **Completar el registro** - cuando un cliente completa el formulario de registro o el formulario de suscripción en tu sitio web

13. **Búsqueda** - cuando un cliente utiliza el motor de búsqueda de tu sitio web para buscar un producto o servicio.

14. **Iniciar compra** - cuando un cliente inicia el proceso de compra después de comprar un producto en tu sitio web.

15. **Iniciar prueba** - es cuando un cliente se registra para una prueba gratuita de un producto o servicio en tu sitio web.

16. **Aplicar** - cuando un cliente solicita un producto o servicio en tu sitio web

17. **Añadir a la lista de deseos** - cuando un cliente añade algo a una lista de deseos en tu sitio web.

Aquí está el procedimiento paso a paso para crear un pixel de Facebook en la cuenta del administrador de Facebook;

Paso 1. Visita tu cuenta de administrador de negocios. En la parte superior del administrador de negocios, la página de inicio, clic en el menú de la parte superior (tiene tres líneas) y luego selecciona crear píxel de la columna de activos.

Paso 2. Haz clic en crear píxel para comenzar el proceso.

Paso 3. Selecciona el nombre de tu negocio

Paso 4. Selecciona el botón + añadir

Paso 5. Inserta el nombre de tu píxel

Paso 6. Introduce la URL de tu sitio web opcional

Paso 7. Seleccionar crear

El último paso es instalar el pixel de Facebook en el sitio web del usuario. Aquí el usuario debe elegir la opción que va a utilizar para instalar el pixel. Hay tres opciones que el usuario puede elegir para instalar el pixel. Se puede copiar y pegar el código del píxel manualmente o, si se utiliza un tercero, el usuario puede utilizar un plugin de administración de etiquetas para instalar el píxel. La otra opción es enviar un correo electrónico al desarrollador del código del píxel o a un amigo de confianza que pueda ayudar con el proceso de instalación.

Si el usuario decide utilizar la opción de copiar y pegar, podrá ver la página de instalación del código base de pixel. Deberá hacer clic en el cuadro de código para copiar el código en el portapapeles. Después de esto, todo lo que el usuario tiene que hacer es pegarlo en las etiquetas de encabezado de tu sitio web bajo la configuración de SEO (siglas en inglés para Optimización de Motores de Búsqueda). Si el usuario utiliza un servicio de terceros, deberá hacerlo de la misma manera en las etiquetas de encabezado de su página.

A continuación, el usuario debería tener la libertad de instalar el código de píxeles de Facebook. El usuario debe hacer clic en siguiente para obtener un fragmento de código que instalará en páginas web específicas para poder rastrear las acciones realizadas en esas páginas.

El último paso en el proceso de instalación es verificar el estado de los píxeles. Para ello, el usuario debe ir a la cuenta del administrador de negocios de Facebook y seleccionar los píxeles. Si el estado del píxel está activo, significa que el píxel de Facebook se instaló correctamente. Puede tardar entre 20 y 30 minutos en actualizarse el estado del píxel.

En conclusión, el objetivo principal del píxel de Facebook es ayudar a un negocio o a un vendedor a conocer más acerca de las personas que siempre están comprometidas con su contenido. Un usuario puede utilizar esta valiosa información para crear un contenido y un producto que tenga un mayor atractivo para el público objetivo.

CAPÍTULO 11: ERRORES PUBLICITARIOS QUE LOS COMERCIANTES DE FACEBOOK DEBEN EVITAR

Los anuncios de Facebook son una de las mejores herramientas para usar tanto en empresas nuevas como en las ya existentes. Sin embargo, para que los anuncios den una conversión satisfactoria, cada comerciante debe seleccionar el mejor tipo de anuncio para su negocio de forma inteligente. Para decidir cuál es el mejor tipo de anuncio a utilizar, algunas cosas no deben ser pasadas por alto. El propietario de la empresa debe considerar primero la posibilidad de establecer los objetivos que se proponen alcanzar como la etapa inicial de la creación de los anuncios. Estos objetivos deben ser tangibles para que puedan evaluar y saber cuándo necesitan cambiar su tipo de anuncio. Hay cuatro objetivos principales para cada negocio. Estos son;

- Crear conciencia de marca;

- Generar oportunidades para tus productos;

- Atención al cliente;

- Convertir el tráfico en ventas.

Estos son objetivos generales básicamente para la mayoría de los negocios. Sin embargo, cada empresa debe establecer sus propios objetivos más específicos y decidir cómo cumplirlos. Una vez que se establecen los objetivos, el siguiente paso será entender los diferentes tipos de anuncios disponibles. Con diferentes tipos de anuncios para diferentes objetivos de marketing, el objetivo específico te ayudará a decidir cuál de ellos es el mejor para tu negocio. Luego personalizarás el tipo de anuncio que elijas usar y lo crearás de manera que se adapte a tu negocio. Cuando llegue el momento de evaluar el progreso, sabrás si el anuncio fue útil. Si no cumples con tus objetivos, sabrás lo que no funcionó y probarás un tipo de anuncio más adecuado. Experimentar con diferentes tipos de anuncios te dará mucha información sobre lo que te funciona para alcanzar cada objetivo.

En este capítulo, veremos algunos tipos de anuncios que deberían ser evitados a toda costa por cualquier vendedor de Facebook.

Anuncios para obtener Me gusta

Estos son anuncios que se centran en aumentar el número de Me Gusta en la página. Tener un alto tráfico en tu página podría aumentar tus ventas. Sin embargo, es bueno destacar que no está garantizado que a todos los que le de Me Gusta a tu página les gusten tus productos. Tales anuncios aumentarán los Me Gusta en tu página drásticamente, pero en la mayoría de los casos, las conversiones no se acelerarán. Esto se debe a que a alguien le puede haber dado Me Gusta a la página sin necesariamente mirar lo que se muestra en ella. En lugar de enfocarse en los Me

Gusta que podrían no darle a tu negocio, sería mejor tener unos cuantos Me Gusta de gente a la que realmente le gusten tus productos. Otros, como los anuncios interactivos, te ayudarán a conseguir Me Gusta, comentarios y participaciones en tu publicación. Es probable que esto genere notoriedad y, al mismo tiempo, convierta el tráfico en ventas.

Anuncios de historias en Facebook

Son anuncios que aparecerán durante 24 horas y luego desaparecerán. Si quieres que aparezcan más tiempo, debes asegurarte de guardarlos. Las personas que no abran Facebook por un período de más de 24 horas pueden no ver el anuncio porque habrá desaparecido cuando entren en su cuenta. Más aún, los anuncios de las historias de Facebook por sí solos no funcionarán eficazmente solos.

Anuncios no dirigidos

Los anuncios generales que no se dirigen a un grupo de personas en particular pueden terminar como una pérdida de tiempo y dinero. Esto se debe a que las personas que no se interesan por tus productos verán tu anuncio y puede que no respondan a él. Por ejemplo, si un anuncio no dirigido es capaz de llegar a mil personas, la mitad de ellas puede no interesarse. Los anuncios dirigidos funcionan mejor porque pueden aparecer a un grupo específico de personas. Los grupos se definen ya sea en un grupo de edad específico, una región particular o con un interés compartido específico. La orientación asegura que el 100 % de las personas que lo ven se conectarán de una manera u otra con el anuncio.

Anuncios emergentes

Estos han demostrado ser el tipo de anuncios más molestos entre la mayoría de los usuarios de Facebook. Las encuestas móviles también han visto a la mayoría de la gente disgustarse y desaprobarlas. Si a la gente no le gusta este tipo de anuncios, es probable que ni siquiera hagan clic en ellos para saber lo que están anunciando. Ya es bastante negativo que la mayoría de la gente los bloquee para que no aparezcan. Es bueno, por lo tanto, usar los anuncios de manera que no molesten a la gente para evitar darle a la gente una actitud negativa hacia el producto. En lugar de interesarse en saber más sobre el producto o negocio en general, los compradores potenciales pueden irritarse en el sitio de cualquier anuncio de tu tienda.

Anuncios sin metas ni objetivos establecidos

Se supone que el primer paso en la creación de un anuncio es el establecimiento de los objetivos a alcanzar. Los objetivos te ayudan a determinar qué tipo de anuncio necesitas crear. Algunos vendedores de Facebook encuentran dificultades para hacer cualquier progreso positivo por no establecer sus objetivos. Esto ocasionalmente lleva a pérdidas que no podrían haber encontrado si tuvieran una clara intención antes de establecer el anuncio. El haber establecido objetivos también te permite evaluar el progreso de tu negocio. También te ayuda a entender cómo cada tipo de anuncio te ha ayudado a cumplir los objetivos de las etapas del embudo de marketing. Sin objetivos, algunos mercadotécnicos de Facebook eligen anuncios equivocados para sus productos. Esto, a veces, confunde las mentes de su audiencia ya que encuentran el anuncio irrelevante. En consecuencia, parte de la audiencia se alejará del producto.

Anuncios que se dirigen al objetivo equivocado

Algunos vendedores de Facebook quieren vender tan pronto como publican su primer anuncio. Esto no atrae a la audiencia que acaba de descubrir que existes. Como cualquier otro compromiso, es prudente considerar dar antes de pedir recibir. Siempre es bueno considerar las etapas del embudo de marketing y crear anuncios teniendo en cuenta los diferentes tipos de personas que probablemente lo vean. Para un vendedor extremadamente nuevo, tendrá más sentido si crea un anuncio que genere notoriedad antes de comenzar su venta. Una vez que tengas una audiencia ya comprometida, venderles será totalmente fácil. Al mismo tiempo, tener más gente que reconozca tu marca y que le guste tu página y sitio web debería ser lo primero en tu mente. Una vez que tengas más seguidores, puedes intentar convertir a los espectadores en compradores. La mayoría de los vendedores se apresuran a convertir los anuncios mientras que no tienen audiencia para convertir. Este error hace que el anuncio termine con cero logros.

El no uso del Píxel de Facebook para los anuncios

Los píxeles son unidades importantes para todos los vendedores de Facebook a fin de construir una audiencia personalizada. Los píxeles de Facebook optimizan los anuncios para las conversiones y también rastrean las conversiones en el sitio web de cada vendedor de Facebook. Sin embargo, algunos vendedores de Facebook tienden a ignorar esta unidad vital. Como resultado, pierden la oportunidad de recibir visitas de sus espectadores. Las opiniones de los clientes son un aspecto esencial del crecimiento de cualquier negocio. Ayudan a cada dueño de negocio a evaluar y entender cómo se siente la gente acerca de sus productos y el negocio en general. Esto ayudará a decidir sobre los cambios que necesitan hacer, ya sea en su orientación o en el tipo de anuncios. También entenderán las tendencias del mercado ya que los compradores potenciales tienden a compararte con tus competidores. Evidentemente, cualquiera que no utilice los píxeles de Facebook se perderá de mucho.

Anuncios con titulares irrelevantes

A la mayoría de la gente no le gusta leer mucho contenido o es perezosa cuando se trata de leer. Los largos y complicados titulares de un anuncio probablemente desanimarán a estas personas ya que lo verán como una publicación aburrida. Algunos otros titulares son demasiado prolijos que incluso algunos usuarios de Facebook que pueden querer leer pueden no entender lo que se anuncia. Las muchas palabras hacen que el anuncio parezca irrelevante para las personas que lo ven, y puede causar una falta de interés para los usuarios de Facebook. Cuando la gente pierde interés en el anuncio, definitivamente no se tomará el tiempo de pensar en el producto y dejará de considerar la posibilidad de comprarlo. Lo más probable es que el negocio no alcance su objetivo principal según el anuncio y también puede incurrir en pérdidas ya que los anuncios podrían ser anuncios de pago.

Promocionar múltiples productos a la vez

Muchos vendedores de Facebook tienden a anunciar muchos de sus productos al mismo tiempo. Cuando tales anuncios dan excelentes resultados, requieren mucha consideración en la forma en que se establecen. Cuando se colocan en diapositivas o videos con descripciones claras en cada diapositiva, pueden ser el mejor tipo de anuncios para la sensibilización. Sin embargo, el vendedor debe tener el mejor profesionalismo para crear anuncios hermosos y organizados. Las fotos no son ideales para este tipo de anuncios a menos que se pongan en una diapositiva. Las personas no se desplazarán hacia abajo en un anuncio cuya primera foto no sea de algo que les interese, lo que deja algunos productos sin ser notados. Algunos vendedores también comercializan con muchos productos en el mismo post, dando enlaces que dirigen a los espectadores al sitio web. Cuando el tráfico se desplaza al sitio, puede ser abrumador, y algunas preguntas pueden no ser bien respondidas, lo que puede desalentar a los compradores impacientes. Estos anuncios también consumen mucho tiempo, ya que se necesita tiempo para refrescar la creatividad. A largo plazo, algunos productos pueden carecer de atención en tu sitio web, de modo que incluso los clientes pueden notar que no eres consistente. La inconsistencia es muy peligrosa ya que puede llevar a la gente a dudar de tu credibilidad, lo que puede causar una caída en el negocio.

Anuncios mal dirigidos

Algunos comerciantes tienden a centrarse en un número pequeño de audiencia o en un número muy grande. Aunque dirigirse a un gran número puede aumentar sus ventas, no está garantizado. Un gran número puede causar demasiada congestión en tu sitio web con un noventa por ciento de tu audiencia sin interés en tu producto. Algunos vendedores se dirigen a un grupo muy pequeño que no es conveniente para el negocio. Para que puedas aumentar las ventas, necesitas tener un alto número de personas que lo estén viendo. Sin embargo, el público objetivo debe ser las personas relevantes que necesitan el producto, y en una localidad que se pueda entregar eficientemente. Por ejemplo, si un vendedor está comercializando mochilas escolares de dibujos animados, será inútil dirigirse a los jóvenes de 12 a 20 años. A pesar de que son muchos en Facebook, las bolsas temáticas de dibujos animados pueden no tener sentido para ellos. Si la misma persona se dirigiera a padres jóvenes de 20 a 35 años, lo más probable es que tengan tráfico convertible en su sitio web. Si se dirigen a la población masculina de 12 a 35 años, también podrían tener demasiado tráfico inútil en su muro. Las mochilas escolares de dibujos animados captarán la atención de las personas que compran para los niños de preescolar y primaria. La mayoría de los compradores serán mujeres y no hombres.

Anuncios enfocados en una forma de publicidad

Muchos vendedores de Facebook se centran demasiado en un tipo de publicidad. Aunque la forma de video de la publicidad puede ser llamativa, puede no ser adecuada para todos los usuarios de Facebook. Los videos pueden ser desalentadores para algunas personas que no tienen tiempo para verlos pero prefieren descripciones cortas. Otras personas pasan por Facebook cuando están en la oficina trabajando o esperando ser atendidos. Ver videos en un lugar así puede causar perturbaciones, por lo que pasan el anuncio sin abrirlo. En tal caso, un anuncio escrito con fotos del producto será lo mejor para captar tal audiencia. Algunas personas también tienden a pensar que los vídeos se editan para crear una impresión en el espectador y, por lo tanto, ignoran los anuncios de vídeo. Es importante que todos se concentren en las diferentes formas de publicidad para atraer a más público con preferencias y creencias publicitarias diferentes.

Anuncios monótonos

Tu público se acostumbra a tu anuncio en unos pocos días o semanas. Por lo tanto, es aconsejable seguir actualizándolos con nuevos anuncios para que no se acostumbren a uno y se aburran. Aunque no tengas productos diferentes cada pocas semanas, todavía hay cosas que puedes hacer para mostrar los cambios en tu anuncio. Esto significa que tienes que ser creativo cada vez que haces un anuncio, o de lo contrario la gente empezará a ignorarlos. Puedes actualizar tus anuncios:

- Convirtiendo las declaraciones de los anuncios anteriores en formularios de preguntas;
- Cambiar la personificación;
- Editar imágenes para cambiar algunas características como filtros, editar textos, añadir o eliminar logotipos, usar gifs en lugar de fotos;
- Cambiar los colores de fondo;
- Aumentar o disminuir las palabras de la descripción.

A través de las ediciones, el público querrá ver lo que tienes para ellos cada vez que vean tus anuncios. Les hace querer ver más de lo que tienes, y esto ayuda a mantener a tu audiencia involucrada.

Anuncios de pago improductivos

Aunque los anuncios de pago son más productivos, también son el tipo de anuncio más arriesgado con el que cualquier vendedor de Facebook debería tener cuidado al usarlo. Esto se debe a que los anuncios requieren que inviertas dinero real para que puedas ejecutar tu anuncio. Los anuncios pagados de Facebook pueden llevar a una pérdida significativa para el vendedor si no tiene una guía clara de cómo debe ser creado. Son una razón por la que muchos vendedores de Facebook tienden a sufrir pérdidas más allá de las ganancias esperadas. Cuando te das cuenta de que tu anuncio no cumplió con tus expectativas, es prudente considerar volver a visitarlo antes de invertir más en el mismo. Intenta comprobar dónde te equivocaste y hacer los cambios necesarios antes de darle una segunda oportunidad. Cuando pagues por tus anuncios, también es bueno considerar un presupuesto razonable. Un presupuesto reducido permite que tus competidores te superen, mientras que un presupuesto muy alto puede aumentar tus pérdidas. Cuando tu anuncio empiece a funcionar bien, puedes empezar a aumentar el presupuesto gradualmente. Si te das cuenta de que tu anuncio pagado tiene un rendimiento pobre, es prudente dejar de ejecutarlo y trabajar para mejorarlo. Haciendo esto, estarás controlando tus posibilidades de incurrir en grandes pérdidas. Al publicar anuncios de pago, es aconsejable ser diligente para no detener los anuncios antes de que la población objetivo los vea.

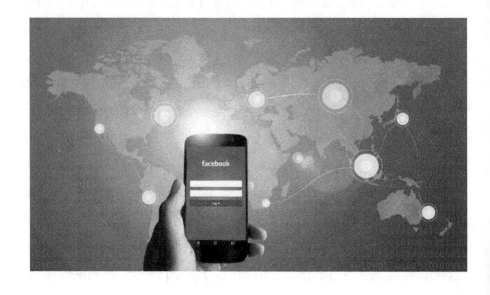

EXTRA: LA PRUEBA A/B COMO UNA FORMA DE MAXIMIZAR EL IMPACTO

C omo prometí, me gustaría ofrecerte un capítulo especial extra que te ayudaría a mejorar aún más la creación de anuncios de alto rendimiento. Este capítulo especial trata sobre las pruebas de división y el poder de las pruebas de división como una forma de maximizar tu impacto y aumentar el valor que obtienes de stu presupuesto publicitario.

¿Qué es la prueba A/B?

Los anuncios de prueba a/b son esencialmente dos o más anuncios, cada uno de los cuales es ligeramente diferente, para ver cuáles son los que mejor funcionan. Cuando se utiliza la prueba dividida correctamente, permite acumular una gran cantidad de información sobre el público en un período de tiempo relativamente corto. A través de eso, puedes empezar a comprender a tu público de una manera más profunda, lo que significa que es más probable que los futuros anuncios se conviertan con gran éxito y que sepas qué tipos de productos o servicios ofrecer a tus clientes para impulsar las ventas. Si bien este método particular para conocer a tu público costará dinero, tiende a ser más rápido y mucho más preciso que casi cualquier otro método que exista.

Facebook tiene una función de prueba a/b incorporada, que también se conoce como prueba A/B. Esta característica te permite hacer tus dos anuncios separados y ejecutarlos, y usará los rastreadores analíticos incorporados de Facebook para asegurarte que estás obteniendo los resultados que deseas de tus anuncios. Además, te permitirá comparar la productividad de ambos anuncios para ver qué tan bien funcionaron.

¿A qué deberías aplicar la Prueba A/B?

Las pruebas a/b se pueden hacer en cualquier número de cosas en tus anuncios de Facebook. Sin embargo, es más útil hacerlo en diferencias más pequeñas que en diferencias más grandes para que sepas exactamente a qué responde y a qué no responde tu público. Por ejemplo, podrías hacer la prueba a/b con cosas como:

- Los colores del botón de llamada;
- Imágenes vs. videos;
- Palabras copiadas;
- Llamar a cierta acción ("¡Registrate!" vs. "¡Más información!");
- Público objetivo;
- Posicionamiento de los elementos;
- Diseño de la página de entrada.

Al hacer pruebas a/b con estas sutiles diferencias en tus anuncios, puedes obtener información específica sobre lo que funciona mejor y lo que no. De esta manera, puedes empezar a construir anuncios que reflejen los resultados de tus pruebas A/B.

La clave para garantizar que tu prueba a/b funciona es crear dos anuncios que sean casi idénticos, excepto por las diferencias sutiles. Si intentas probar demasiados aspectos diferentes a la vez, te encontrarás con que te cuesta identificar lo que funcionaba y lo que no. Como resultado, es posible que no puedas duplicar tu éxito porque no has conseguido comprender claramente qué es lo que tu público realmente quiere.

¿Cuánto de tu presupuesto deberías destinar a las Pruebas A/B?

Al principio, todo tu presupuesto debe ser destinado a pruebas a/b para que puedas empezar a obtener hallazgos más específicos sobre tu audiencia. Debes tomar todo tu presupuesto, establecer el objetivo de cuántos anuncios diferentes vas a probar, y luego asignar tu presupuesto en consecuencia. De esta manera, tendrás suficiente dinero para realizar cada una de las pruebas a/b.

Si eres nuevo en los anuncios de Facebook, deberías probar a realizar cada prueba a/b durante al menos cinco días antes de cancelarla para ver los resultados. Si tus resultados parecen muy obvios mucho antes que eso, entonces puedes tomar medidas en consecuencia.

Si intentaras hacer una prueba a/b cada vez, durante cinco días, obtendrías 12 anuncios al mes. Esto significa que si tuvieras un presupuesto de 1000 dólares para publicidad, entonces deberías destinar unos 83,33 dólares por anuncio para que puedas ver cómo son tus resultados.

Si no eres nuevo en la publicidad de Facebook y ya obtienes resultados generalmente aceptables de tus anuncios, lo ideal es que sólo utilices la prueba a/b cuando no estés seguro de lo que funcionará. Si descubres que tus anuncios actuales no te están dando los resultados que deseas y quieres intentar expandirte para ganar más dinero a través de los anuncios de Facebook, entonces en este momento es posible que quieras empezar a destinar parte de tu presupuesto a las pruebas a/b. En este caso, debes destinar al menos el 50% de tu presupuesto a los anuncios que ya funcionan, aunque no funcionen exactamente como deseas, y utilizar el otro 50% de tu presupuesto para realizar pruebas a/b. De esta manera, podrás ver lo que es probable que funcione y podrás empezar a mejorar la calidad de tus anuncios permanentes de acuerdo con tus hallazgos, sin ensuciar excesivamente tus resultados existentes con tus anuncios.

¿Qué deberías hacer cuando los resultados comiencen a aparecer?

A medida que comiences a realizar tus pruebas a/b, descubrirás que en algunos casos los anuncios reciben resultados bastante similares mientras que en otros casos los resultados son completamente diferentes. La forma en que manejes tus anuncios dependerá en última instancia de tus hallazgos en este caso.

Si descubres que tus anuncios tienen un rendimiento bastante similar, deberías dejarlos funcionar durante los cinco días completos, o el período de tiempo que les hayas asignado. De esta manera, puedes obtener resultados concluyentes de tus pruebas. Si los resultados son increíblemente parecidos, tal vez quieras hacer algunos ajustes más a la prueba a/b antes de ejecutarla de nuevo para obtener un resultado más concluyente. O, en algunos casos, puede que descubras que a la gente no le importa particularmente más o menos de una manera u otra el cambio que estás haciendo.

Si encuentras que un anuncio supera claramente al otro hasta el punto de que apenas está funcionando, debes hacer una pausa y cancelar el anuncio que no funciona bien. En lugar de gastar dinero esperando a ver si mejora, puedes invertir ese dinero en prolongar un anuncio que ya funciona bien. De esta manera, tu presupuesto se gasta sabiamente *y* aprendes sobre tu público a través del poder de las pruebas a/b.

Evitar sobrecargar de pruebas a tu público

A pesar de lo útil que pueden ser las pruebas a/b, es importante que no hagas pruebas excesivas a tu audiencia, ya que esto puede llevar a un desperdicio de dinero, confusión en torno a tu marca, y malos resultados de tu presupuesto publicitario. Lo ideal es que las pruebas a/b se utilicen con moderación para garantizar que se sigue creando coherencia en la forma en que se presenta y que se pueden obtener grandes resultados de los anuncios.

Asimismo, asegúrate de que evitas la hipersegmentación, lo que en última instancia significa que ejecutas una prueba a/b en la que eres demasiado específico sobre a qué le estás haciendo publicidad. Si te encuentras siendo demasiado específico, vas a terminar desperdiciando dinero porque no obtendrás ningún resultado de tu público.

Cuando realices pruebas a/b, asegúrate de que tienes un público de más de 500.000 personas a las que anunciar, dependiendo de tu presupuesto y de quién es tu público objetivo real, de modo que haya mucha gente de la que recoger los números. De esta manera, tu presupuesto aún te devolverá algunos resultados de tus pruebas que te permitirán tener más éxito con tus anuncios de Facebook en general.

Conclusión

Los anuncios de Facebook son sin duda las mejores herramientas para que cualquier vendedor llegue a su audiencia en Facebook. Sin embargo, los anuncios mal elegidos pueden llevar a pérdidas para el mismo negocio. Peor aún, los anuncios correctos hechos incorrectamente pueden llevar a la ruina de cualquier negocio. Por lo tanto, la sabiduría dicta que cada vendedor debe primero entender su producto lo suficientemente bien para saber a qué población dirigirse. Una vez que hayan comprendido el producto, los vendedores deben entonces establecer anuncios para sus productos, siguiendo los consejos del embudo publicitario para asegurar que la audiencia esté cubierta en todos los niveles. Los anuncios deben crearse teniendo en cuenta los objetivos estratégicos ya establecidos. Una vez que los anuncios se publiquen en Facebook, es tarea del vendedor hacer un seguimiento y ver cómo van, a medida que hace los ajustes necesarios. Finalmente, cuando el vendedor esté seguro de que tiene el mejor anuncio para su producto, será el momento de publicarlo en Facebook. Debe asegurarse de establecer su presupuesto razonablemente y maximizar su potencial para maximizar las ganancias.

¡Y ahora que llegamos al final de este viaje publicitario por Facebook, solamente te pido que dejes una agradable reseña de 5 estrellas en Amazon.com!

www.ingramcontent.com/pod-product-compliance
Lightning Source LLC
LaVergne TN
LVHW051239050326
832903LV00028B/2476